아오리 아니고 아오모리

아오리 아니고 아오모리

김연덕의 10월

난〉〈다

차례

작가의 말 아오모리, 그 푸른 숲 이야기 7

10월 1일 에세이 거울 앞의 숫자 13
10월 2일 에세이 외국의 노인들은 나에게 더 노인처럼 보인다 21
10월 3일 에세이 심장과 사과 파이 31
10월 4일 시 사과 파이 39
10월 5일 에세이 연어 주먹밥을 감싼 신문지에 인쇄되어 있던 것 45
10월 6일 편지 혼슈 최북단의 마음으로 도쿄까지 보내는 55
10월 7일 에세이 여름의 겨울 박물관 63
10월 8일 시 아오모리시 삼림박물관 71
10월 9일 에세이 한글과 가나 81
10월 10일 편지 저의 정신은 막 몇 개의 역을 지났습니다 95
10월 11일 시 히로사키행 105
10월 12일 에세이 블루 노트 109
10월 13일 시 도심 상점 쇼케이스에 걸린 네부타 등 하나 121
10월 14일 에세이 선물과 꿈의 감정 속으로 129
10월 15일 시 용감해지고 싶었던 마음 137

10월 16일 에세이 빛과 우울과 이국적인 이름의 킷사들   141
10월 17일 에세이 혼초 미끄럼틀   153
10월 18일 시 아오모리 현립 미술관   161
10월 19일 에세이 미래의 빙수 가게   169
10월 20일 시 소나기   177
10월 21일 메모 커튼 생각   183
10월 22일 에세이 기념품을 만드는 상상력과 시   191
10월 23일 시 아오모리 은행 기념관   199
10월 24일 에세이 와카이   205
10월 25일 메모 구식 호텔과 사랑   211
10월 26일 시 고서점의 깊은 곳   219
10월 27일 에세이 작동되지 않던 분수   225
10월 28일 시 구 히로사키 시립 도서관   233
10월 29일 에세이 화과자와 항구 공원   239
10월 30일 시 사랑   247
10월 31일 편지 사랑하는 사람처럼, 미워하는 사람처럼 신경쓰게 된 도시예요   251

작가의 말

아오모리, 그 푸른 숲 이야기

 아오모리로 떠난 건 순전히 사과 때문이었다. 혼슈 최북단에 위치한 현, 그리고 사과 산지로 유명한 곳. 아오모리에 대해 아는 건 그런 것밖에 없었다. 아오모리에 가서 많은 사과를, 사과 이미지들을, 그것들 사이에 둘러싸여 있는 멍하고 귀여운 사람들을 보고 와야지 싶었다.

 이미지. 아무리 생각해도 10월과 내가 별다른 연이 없었기 때문에, 흩어져 떨어지는 원고들을 묶기 위해서는 이미지가 하나 필요했다. 내 상상력의 빈약함을 상쇄시켜줄 만한 또렷하면서도 평범하고 부드러운 이미지가. 손안에 들어와 내가 쓰다듬거나 포장하거나 여러 조각으로 잘라버릴 수도 있지만, 안쪽부터 구조를 살펴보면 나보다 큰 몸집과 시간이 들어차 있는 그런 이미지가. 그러자 곧 붉은 사과의 이미지가 떠올랐다. 책이 출간될 10월에 한창일 사과. 사과는 심장 같고 지구 같고 세계 같지만 거실에 함께 앉아 먹다 보면 방금 먹었다는 것을 잊어버릴 만큼 흔한 과일이다.

그렇게 간단한 생각으로 아오모리행 비행기표를 끊었다. 한국에 돌아오면 청송이나 예산, 문경 같은 다른 사과 산지들까지 돌아다녀볼 생각이었다. 이곳과 저곳의 사과가 어떻게 다르고 어떻게 비슷한지, 사과를 홍보하는 방식이나 과수원들이 나뉘고 모인 모양에 대해, 사과와 사람들의 마음이 얼마큼 연결되어 있는지 비교해볼 생각이었다. 제각각의 얼굴과 마음으로 돌출된 도시들을 나만의 이미지로 함부로 묶으려 했던 것이다.

사과로 이곳을 전부 파악해보겠다는, 계획적이고 어리석은 마음으로 아오모리로 떠났다. 그리고 그곳을 돌아다니며 나는 원고의 방향을 완전히 수정해야 함을 깨달았다.

青森. 아오모리를 한자로 쓰면 푸른 숲이라는 뜻이다. 아오모리 공항에 착륙하기 전 십 분간 비행기 창문을 가득 메운 빼곡한 숲이 보였다. 험준한 산세 사이사이 옛날 사람들처럼 서 있던 북쪽 나무들. 나는 몸의 방향을 창문 쪽으로 더 틀어 가도가도 끝나지 않고 이어지는 숲을 내다봤다. 나무들이 내는 소리가 조용한지 시끄러운지 구분할 수 없을 정도로 내가 다 감각하기에는 너무나 커다란 광경이었고, 색에서 여러 이야기와 여러 감정들이 느껴졌다. 들어본 적 없는 그 이야기들이, 나와 언어도 통하지 않는 나무들이 표현하고 있는 감정들이 빠르게 내 몸을 치고 지나갔다. 사과 한 알로 그곳을 점령해보겠노라고 애쓰던 내가 시작부터 다른 색에 휩쓸려버린 것이다.

 기쁘고 당황스러웠던 순간들은 여행중에도 계속되었다. 흰색처럼 나른한 태도의 노인들, 삼림박물관의 창백한 빛과 츠츠미가와 료쿠치 항구 공원에서 바라보았던 끝없는 수평선, 모든 가게마다 붙어 있던 네부타 축제 포스터와 그 안에 담겨 있던 축제의 외롭고 화려한 불빛……

 사과 이야기를 할 필요도 다른 사과 산지들을 돌아다녀

볼 필요도 없다는 것을 알게 되었다. 오로지 사과 때문에 아오모리로 떠날 수 있었지만, 그것만으로는 묶을 수 없었고 결코 묶이지도 않던 아오모리에 대해 지금부터 이야기해보고 싶다. 온통 붉은 잎과 붉은 나무들로 가득한 요즘, 푸른 숲青森 이야기를 이어가보고 싶다. 복잡한 생물의 뼈처럼 오래된 사랑과 오래된 이야기가 많은 도시는 나를 항상 겸손하게 만든다.

P.S. 5월부터 8월까지 이 책을 썼고, 책을 완성하기 직전 나는 아오모리에 다시 가게 되었다. 첫 방문 후 두 달 반 만인 2025년 8월 9일, 아오모리행 비행기에 몸을 실은 나는 책의 몸체가, 책의 감정과 정신이, 그리고 책 자신이 더듬어가며 여전히 궁금해할 아오모리의 어둡고 밝은 부분들이 조금 바뀌어가고 있음을 느꼈다. 아오모리에 다시 도착하기 전, 상공에서부터 말이다. 난기류 속에서 어지러워하면서, 미세하게 달라져가던 책의 낱장들을, 그래서 앞부분과 약간은 헐겁게 연결될 수도 있을 책의 피곤한 얼굴을 여기 그대로 남겨둔다.

언젠가 이 책과 함께 세번째, 네번째 방문하게 될 아오모리 역시 어떤 방식으로든 낡아가거나 새로워질지 기대하면서.

10월 1일

에
세
이

거울 앞의 숫자

 디지털 숫자 입력칸에 10월 1일을 적으면 1001. 마치 10과 01이 거울을 보고 서로를 마주보고 있는 것만 같은 모양새다. 1월 10일과 11월 11일을 포함해 일 년에 몇 되지 않는 '거울 날짜'다. (2월 20일이나 12월 21일도 비슷하게 맞물려 있지만 '2'가 완전히 거울과 같은 모양으로 겹쳐지지는 않는다.) 결국 11월 11일을 제외하면 거울에 맺힌 상처럼 엮일 수밖에 없는 달은 1월과 10월뿐이다. 계절적으로도 정서적으로도 크게 맞닿아 있지 않지만, 때문에 10월이 되면 그해의 1월을, 1월이 되면 10월을 떠올리지 않을 수 없다.

 1월과 10월은 본디 견주기가 어려운 달이다. 한 해의 시작인 1월에서 상상해보고 싶어지는 달은, 보통 반년이 지난 뒤의 7월이나 그해의 마지막인 12월인 경우가 대부분이니까. 반대인 계절이 찾아왔을 때, 그러니까 딱 반년 정도 지났을 때 나의 일상이 어떤 빛깔로 채워져 있을까, 혹은 다시 같은 계절이 찾아들었을 때 일 년이라는 보물이며 괴물인 감각을 어떤 내가 받아들이고 있을까를 궁금해할 테니까. 1월에서 구 개월이 지난 10월은 한 해의 중간이라기엔 너무 많이 가버린 달이고, 끝이라기에는 아직 한 해의 이미지를 결정지을 수 있는 불확실한 달이 두 개나 남아 있다. 11월과 12월은 보통 그해에서 가장 사납고 차갑고 유쾌한 달이고 말이다.

그럼에도, 잘 맞물리지 않는 느낌 이야기가 될 것 같지 않은 그 시원치 않은 느낌 때문에, 10월 1일에 1월 1일을 생각해보고 싶다. 일 년이 열두 달로 구성되어 있기 때문에 3분기가 지나갈 무렵인 10월이 오면, 보통은 애매하게 한 해가 끝나간다고 느끼는 것 같다. 앞서 이야기했던 11월과 12월의 느낌 때문일까, 나에게는 10월이 무엇이 시작되기 직전의 달처럼 느껴지는데 말이다.

그러니까 1월부터 9월까지가 한 덩어리, 10월이 한 덩어리, 11월과 12월이 한 덩어리로 느껴진다. 1년을 일생으로 비유한다면, 1월부터 9월까지는 인생의 전반부, 10월은 신체와 정신이 꿈처럼 애매하게 떠다니는 시기, 11월과 12월이 인생의 후반부로 느껴진다. 특히나 여름이 길어진 요즘, 6~9월까지의 이미지가 더욱이 이런 전반부 이미지에 영향을 주었다. 이미 끝났음에도 평생 끝나지 않을 것 같은 착각 속에서 사람을 최고점의 기쁨과 슬픔 속으로 옮겨놓는, 그런 인생의 전반부 이미지로. 괴로움과 위로와 '지금은 없는 삶'의 이미지로. 그것이 가진 힘이 너무 강해 2월부터 5월까지의, 늦겨울과 초봄, 완연한 봄들마저 인생의 전반부라는 얼굴에 이해할 수 없는 속력으로 빨려들어간 느낌. 그리고 11월과 12월은 일수 자체는 짧지만, 전반부의 인상들을 완전히 바꾸어버릴 수 있는 강력한 달이다. 돌이켜보면 늘 11월과 12월이 그해의 인상을 결정했었다. 좋은 쪽으로든 나쁜 쪽으로든 말이다.

10월은 전반부와 후반부 사이에 위치한 애매하고 가볍

고 아름다운 달이다. 전반부를 마무리하고 후반부를 준비하는, 어쩌면 새로운 시작의 달. 하나의 꿈을 꾸었으니 이제 다음 꿈을 위해 신체를 텅 비워야 하는 시간. 찾아오는 기억들을 충분히 정리하고 적어냄으로써 정신을 가볍게 띄워야 하는 시간. 나에게는 아오모리에 대해 적어보는 이 시간들이 그럴 시간이 되리라는 것을 알았다.

1월의 나는 엄청난 눈으로 둘러싸인 삿포로에서 돌아온 지 얼마 되지 않았었고, 10월의 내가 삿포로 바로 아래 위치한 아오모리에 대해 쓰게 되리라고는 예상치 못했다. 내년 1월에 나는 또 어떤 도시를 바라보며 어떤 도시를 잊거나 미워하거나 추억하고 있을까. 분명한 건, 여러 번의 전반부와 후반부를 지나오는 피곤하고 어지러운 감각 속에서도 올해의 10월을 조금 다르게 기억하게 되리라는 것이다.

10월의 모양새를 다시 살펴본다. 1은 가림막 혹은 사람으로 0은 거대한 사과처럼 보인다. 1001. 양쪽의 가림막 혹은 양쪽의 사람이 거대한 사과들을 한데 모으는 장면. 그날의 나와 지금의 내가 여전히 어떤 이미지를 가두고 보고 싶어하는 장면. 내가 가두고 영영 보고 싶은 장면은 이런 것이다.

아오모리 공항에 도착하자마자 출구 벽에 '오신 것을 환영합니다'라는 다소 투박한 글씨와 함께 내 키만한 사과 사진이 인쇄되어 있었다. 어떤 기교도 의도도 없는 해상도 높은 사과 사진이었고, 아오모리에서 사과 외에 다른 것들을 많이 보았음에도 이 장면은, 내내 알 수 없는 가벼운 슬픔과 함께 내게 다정하게 남아 있다.

공항 유리 문을 열고 나가 보고 듣고 만져본 것들이 나를 다른 사람으로 만들었기 때문에. 고작 며칠뿐이었지만 그렇게 되었기 때문에. 역시 사과 사진이구나, 순진하게도 아직 이곳의 무궁무진함을 다 몰랐을 내가, 이 도시를 마치 나의 거칠고 따뜻한 어린 시절처럼 반복해 생각하게 되리라는 것을 몰랐을 내가 아오모리 땅에서 보았던 마지막 전형적인 장면이기 때문에.

무엇이 시작되기 직전처럼, 1월 1일처럼 느껴지는 10월

1일에 그 장면을 다시 열어본다. 그렇게 나는 공항 문을 열고 나가보았다.

10월 2일

에
세
이

외국의 노인들은 나에게 더 노인처럼 보인다

아오모리는 내가 지금껏 여행했던 모든 도시 중 노인들이 가장 많이 돌아다니던 도시였다. 킷사텐에, 식당에, 공원에, 백화점에, 그리고 술집까지.

출퇴근 시간에는 젊은 사람들도 곳곳에서 보였지만, 그 시간을 제외하고는 거리에 대부분 노인들뿐이었다. 아침 여덟시부터 저녁 여섯시 정도까지, 그러니까 한창의 생활 시간이라고 할 수 있을 만한 시간에 젊은이들이 잠깐 증발이라도 해버린 것처럼, 젊은이들의 먼 미래가 이 땅을 조용하게 점령해버린 것처럼 나는 길 가는 족족 노인들과만 마주쳤다. 그들은 킷사텐에서 대부분 둘이나 셋씩 (동시에 노인인 가게 주인과도 안면이 있는 노인 손님들이 다수였다),

집앞 화단이나 공원에서는 보통 혼자인 채였다. 약간 어두운 킷사텐 바 테이블에 기대 수다스럽고 익살스럽게 대화하는 노인도, 생각에 잠겨 다 꺼진 공원 분수 주위를 혼자 배회하는 노인도 보았다. 오후 버스터미널 안내소의 노란빛과 그림자 속에 가만히 앉아 있던 노인도, 한낮의 쇼핑센터에서 혼자 피아노를 연주하던 노인도. 그들이 앉아 있던 서 있던 웃거나 웃지 않던 공간을 뚫고 나오는 그들 각자만의 자아가 무척이나 다양하고 생생했다. 아오모리의 노인들에게는 날것의 에너지가 있었다. 그것이 기쁨의 에너지이든 슬픔의 에너지이든 무기력의 에너지이든 아랑곳하지 않음의 에너지이든. 그 에너지는 공손하고 부드러운 자태로 뿜어져나오던 삿포로 노인들의 것과도 달랐다. 노인이기에 몸짓이나 말투는 조금 느렸지만, 그들 각자가 감각하고 있는 '오늘 하루'가, 그러니까 현실의 분투가 그들을 노인이라는 몸에 가두는 걸 허락지 않은 것처럼 보였다.

그걸 가능하게 만드는 건 아무래도 아오모리의 빼곡한 나무들과 조금만 걸어도 수평선이 보이는 골목과 도시 전체를 감싸는 고요함에 있지 않을까. 그러나 그 고요함이 우울하거나 걷는 이의 걸음을 압도하지는 않고 그저 가지각색으로 몸을 뻗는 나뭇잎과 푸른 잔영과 햇빛의 형태로 존재하는 것이다. 의도도 다른 제안도 없는 자연 속에서 사람은 너무 많은 시선이나 대화로부터 자유로워진다. 몸의 감각과 하늘의 감각에 집중하게 된다. 그렇다고 고립의 느낌은 아니고 마음만 먹으면 누군가를 만날 수 있을 정도의 거리다. 가게에 들어가거나 어떤 실내 공간에 들어가서 가끔씩만 상대할 수 있는 사람의 존재는, 아오모리의 노인들을 현실 세계로부터 미세하고 다정한 방식으로 이어준다. 둘째 날 점심, 거리를 혼자 걷다가 더위에 지쳐 들어간 킷사텐에서도 나는 세 명의 노인들에게 둘러싸여 있었다. 그곳 주인인 할머니 할아버지와 손님으로 온 다른 할머니. 낮인데도 내부가 어두워 바깥 세상과는 완전히 분리된 느낌이었다. 아오모리 거리의 적막함으로부터 한 겹 더 진행된 분리. 때문에 분리된 이곳은 시끌시끌하고 부산스러웠다. 노인 셋은 나를 의식하지 않은 채 즐거운 대화를 나누었지만 나를 무시하는 느낌은 아니었고 누군가의 존재로 지금의 다정함을 중단시킬 생각은 없는, 귀엽고 주도적이고 멍한 태도에 가까웠다. 서로의 친밀함이 테이블과 카운터를 넘

어 아이들의 구슬처럼 교환되는 광경을 보는 것이 좋았다. 다만 기본 커피를 시키기에 조금은 머쓱한 분위기라 나는 그곳에서 비싼 축에 속했던 팔백오십 엔짜리 하와이 코나ハ ワイ·コナ 드립 커피를 주문했다. 메뉴판에는 투박한 글씨로 '코나 특유의 쓴맛, 단맛, 신맛도 최고의 커피입니다. 향기도 대단합니다'라고 쓰여 있었다.

커피는 아주 맛있었다. 그러다 어쩐지 대화에 끼어들고 싶어 저는 한국에서 왔습니다, 넌지시 말을 건넸다. 세 노인은 깜짝 놀란 얼굴로 아오모리에 왜 여행을 왔냐고 물었고, 나는 아오모리에 처음 와봤지만 고요하고 신비로운 느낌이 마음에 든다고 얼버무렸다. 너무 조용하진 않아? 아오모리는 너무 조용하지. 가게 주인인 할아버지가 웃으며 대꾸했는데 나는 그 조용한 느낌이 특히 좋다고 이야기했다. 조용함을 조용함 그대로 두지 않는 이 킷사텐의 노인들이 나로 하여금, 조용함이 안전하게 깨어지는 순간의 재미를, 문을 열고 나가자마자 다시 삶으로 찾아드는 조용함의 슬픈 자유를 알게끔 해주었다. 나 혼자 젊은이이고 나 혼자 한국인이라는 이중의 분리감 속에서, 아니 거리와 킷사 사이 소음의 긴장 관계 속 삼중의 분리감 속에서 나는 아오모리의 노인들을 오래도록 눈에 담았다.

그들이 외국인이기 때문일까? 내가 전혀 알지 못했던 환경에서 나이들어간 사람들이기 때문일까? 겹겹으로 나뉘는 이런 어지러운 애정을 가능하게 해준 이유. 실제로 아오모리의 노인들은 어려서부터 지금까지 아오모리를 떠나지 않고 살고 있는 사람들이 많았다.

서울에서 내가 살고 있는 동네, 살았던 동네, 살게 될 동네가 노인들과 맺고 있는 관계에 대해 떠올려본다. 어렸을 적 살았던 부암동의 고립감과 적막함이 아오모리의 것과 조금 닿아 있기는 하지만, 내게 남아 있는 부암동 노인들의 인상은 대체로 더위에 녹아버린 그림처럼 흐릿하다. 터널 하나, 버스 정류장 몇 개만 넘어가면 바로 시끌벅적한 번화가와 연결되는 작은 동네이기도 했고, 노인들이 술에 취하지 않고도, 미용실 한구석에 앉아 있지 않고도, 커피와 간단한 식사라는 작은 사치를 삼삼오오 모여 즐길 만한 킷사 같은 공간이 없기도 해서. 푸른 나무와 산에 눈이 잠식당했을 때 눈을 돌릴 만한 바다가 있는 곳도 아니었기 때문에. 지하철과 버스에 더 면해 있는 지금의 집, 내가 일을 하기 위해 주로 돌아다니는 서울의 다른 복잡한 지역들은 그 차이가 더 크다. 지하철과 버스와 거리에서 서울의 노인들은 어떤 '군'으로 자주 묶이곤 하는 것 같다. 멀리서 바라보는 '군'의 힘이 강해질수록 개개인의 에너지는 희미하게 그렇게 오해된 채 구성되어버리는데. 노인들이 머무는 장소들이 대중교통과 거리 외에 더 떠오르지 않는다는 것 역시 서글픈 일이다. 이런 영향들 때문에 아오모리의 노인들과 다른 곳의 노인들이 다른 형태의 에너지를 지니게 된 것이 아닐까. 나는 노인들이 배경이 아니고 누군가의 할머니 할아버지뿐인 것이 아니고 뚜렷하게 그저 그 사람으로 존재할 수 있게 하는 도시를 좋아하는구나. 킷사텐에 와서 커피를 시키고 공원 분수대 주위를 오롯한 자기만의 고독으로 돌아다니고, 쇼핑 센터의 피아노를 연주하거나 세련되지 않은 방식으로 떠들거나 그냥 조용한 도시지, 웃어넘기며 외지인을 맞아주는 그런 노인들의 도시를 좋아하는구나, 그것이 나를 덜 슬프게 하는구나 깨달았다.

한국에서 10월 2일은 '노인의 날'이다. 제정된 법정 기념일이 이날이라는 것 외에, 왜 이날이 노인의 날인지, 노인의 날에 무엇을 하는지에 대해서는 아는 바가 없다. 아마 내가 모르는 크고 작은 행사들이 열리고 있을 테지만, 특별히 노인의 날이라고 해서 주변의 노인들을 찾아뵙거나 축하해드린 기억은 없다. 분명 글씨가 굵고 커다란 옛날식 달력들에는 기입되어 있을 텐데, 아는 사람만 의식해서 기념할 수 있는 이런 기념일들의 흐릿한 이목구비가 묘하게 느껴질 때가 있다. 다른 날도 아닌 노인의 날이라 더 그런 듯한데, 현실의 노인들이 나에게 어떤 해상도로 존재하는지 헷갈릴 때가 자주 찾아오기 때문이다. 앞서 말했듯 군으로는 선명히 묶이지만 개개인의 에너지를 떠올리면 희미해져버리고 마는 얼굴들이기에. 나는 어린 시절부터 조부모님을 모시고 살았고, 노인 친척들과의 교류도 잦았기 때문에 노인과 함께하는 일상이란 내 삶에서 크게 돌출된 어떤 부분으로 의식되지 않는 자연스러운 것이었다.

함께하고 있다는 사실 자체가 그랬다 할지라도 그들의 존재가 내게 더 돌출되었어야 했다고, 아니 더 정확히는 내가 그것을 돌출되게 받아들일 만한 부드러운 여행자의 마음이었어야 한다는 생각이 든다. 아오모리에 다녀오고 나서야 나와 함께했던 모든 노인의 얼굴을, 에너지를, 그들이 자신의 것으로 만들어 돌아다니고 싶어했을 장소들을 그 시절 더 들여다보지 않았다는 것에, 상상하지 못했다는 것에 마음이 아팠다.

외국의 노인들은 내게 더 살아 있는 노인처럼 보인다. 나는 내 주변의 모든 노인을 외국의 노인들처럼, 그들이 겪고 있는 현재를 정말 현재처럼 바라보고 싶다. 실제로 그들은 '내가 모르는 세대'라는 다른 차원의 외국을 살아온 사람들이기도 하고 말이다. 여전히 내게는 더 많은 상상력이 필요하다. 아오모리가 그곳의 노인들이 내게 그것을 알려주었다.

10월 3일

에
세
이

심장과 사과 파이

 그래도 아오모리에 왔으니 사과 파이는 먹어야 한다는 옅은 의무감 속에 도착한 곳은 아카이링고赤いリンゴ, 빨간 사과라는 가게였다. 삼각 형태의 나무 테두리로 솟은 간판에는 상호명과 함께 사과 그림이 그려져 있었다. 사과 파이 가게 이름이 그저 '빨간 사과'라니. 더 창의적인 이름에는 관심 없다는 투의 무력함, 그 무력함의 한 층위를 이루는 명랑함이 동시에 느껴지는 상호명이었다. 문을 열고 들어가니 이백 엔에서 사백 엔 사이의 쇼트케이크를 팔고 있던 냉장 쇼케이스와 두 종류의 사과 파이가 약간 지친 학생들처럼 포개져 있던 실온 쇼케이스가 한눈에 들어왔다. 일층이 카운터와 파이, 과자, 사과칩, 선물 세트 등을 모아둔 진열대, 이층이 먹고 갈 수 있는 좌석으로 구성되어 있는 작은 가게였다.

계단의 삐걱거림이나 디저트들의 고전적인 디자인, 냉방의 성능이 떨어지는 점 등 들어가자마자 세월이 느껴지는 가게였다.

파이 쇼케이스 옆에는 역시 옛날식 디자인의 금색 집게가 하나씩 놓여 있었다. 사과 파이는 하트 모양과 나뭇잎 모양 두 종류였는데 하나씩 시켜볼까 고민하다가 결국 하트 모양으로 골랐다. 겉면을 감싸고 있는 단단한 하트 뼈대 안쪽으로 구운 사과 조각들이 하나씩 가지런히 놓여 있는 모습에 마음이 끌렸다. 단단한 겉면 안에 사과 조각들이 보이지 않게 숨겨져 있던 사과 파이만 먹어온 나에게는, 이 디자인이 다소 충격적이었는데 비어져 있던 하트 모양 틀에 사과들을 천연덕스레 배치해둔 모습이 마치 심장이 밖으로 노출된 것만 같은 이미지를 연상시켰기 때문이다. 나의 뼈대나 상의 밖을 뚫고 나온, 그렇지만 그 자신은 몸 밖으로 나오게 된 것에 신경도 쓰지 않는 평온한 심장을 마주한 것만 같은. 더구나 그런 심장들이 쇼케이스엔 여덟 개나 포개어져 있었고 말이다. 물론 심장은 하트 모양이 아니고 이렇게 균일하고 깨끗하게 잘린 조각들의 모임도 아니지만 이 사과 파이는 나에게 노출된 콘크리트 벽, 노출된 신체, 환하고 차갑게 노출된 시간의 느낌을 선사해주었다. 생각해보면 시와 소설도 가지런한 어투와 장면 속 무서운 요소들이 알게 모르게 들어와 있는 것들을 좋아했었다.

 어쨌든 나는 이 심장 모양 사과 파이를 들고 이층으로 올라왔는데, 내가 자리를 잡으려는 찰나 혼자 그 공간을 점유하고 있던 할아버지 한 분이 막 일어나시려던 참이었다. 그는 내게 고개 숙여 인사했고 나도 목례로 답했다. 할아버지는 사과 조각이 숨겨져 있던 잎사귀 모양 파이를 골랐을까 나와 같은 하트 심장을 택했을까. 그는 왼편 안쪽 창가에서 시간을 보낸 모양이었다. 오랜 시간 구워지고 절여진 사과 조각들과 함께 쉬다 가던 그의 심장은, 아마 이곳에서 여러 개의 추억과 함께 솟구쳤을 그의 심장은 지금 계단 아래서 어떤 속도로 돌고 있을까. 이층에 혼자 남은 나는 어디에 앉을지 파이가 담긴 트레이를 든 채 이곳저곳 걸음을 천천히 옮겨보았다. 그러다 그가 앉았던 것과 반대 방향, 오른편 안쪽에 자리를 잡았다. 그와 같은 자리에 앉아 그가 내다보고 있었을 아오모리 거리와 이따금 고개 돌려 쳐다보았을 가게 내부의 여러 요소들에 함께 시선을 맞추고 싶은 마음도 있었지만, 이곳에 앉아 지금은 계단 아래로 내려간 그의 빈자리를 그저 쳐다보고 싶기도 했다.

 자리를 잡고 트레이를 내려놓았다. 가게는 무척 더웠고 나무 테이블과 팔이 맞닿는 부분이 끈끈해지는 것이 느껴졌다. 결국 나는 자리마다 하나씩 놓여 있던 선풍기를 콘센트에 꽂고 세기를 강풍으로 조절했는데, 작은 공만한 선풍기는 구형이긴 해도 흰색이라 예뻤다. 선풍기 날개 돌아가는 소리가 들렸고 음악도 다른 손님도 한동안 없었다. 뼛속을 심장 안을 규칙적으로 돌던 시간이 밖으로 걸어나와 가게 안팎을 응시하고 있었다. 시간이 멈춘 기분. 소도시에 왔다는 것이 실감되는 순간이었다. 창밖으로 커다란 나무의 잎사귀들이 흔들리는 것이 보였다. 내 심장도 그에 맞추어 다시 원래의 속도로 흔들리는 듯했다.

 나는 땀을 식히며 아까 내 곁을 스쳐지나갔던 할아버지, 그가 앉았던 자리를 건너다보았다. 그의 자리도 내 자리도 모두 창가에 바로 면해 있었는데 창가의 좌석들은 모두 이

인용이었다. 그럼에도 테이블과 테이블 사이의 거리가 멀어 한 테이블당 한 창문이 배당되는 구조였다. 꽤 커다란 창문 한 채를 혼자나 둘이서 완전히 즐길 수 있게끔. 창밖은 온통 나무였는데, 늘 적설량 최고 수준을 기록하는 겨울에 이곳에 온다면 가지마다 쌓인 눈에 조명 없이도 내부가 얼마나 환할까 싶었다. 이층 가운데에는 다섯 명 정도의 사람들이 마주보거나 일렬로 앉을 수 있는 바 테이블도 하나 놓여 있었다. 아마 노인들이 단체로 오거나 할 때 앉지 않을까 싶었다. 이곳에 앉았다 갔을 수많은 심장, 지금도 뛰고 있거나 이미 멈추었을 어떤 심장들, 심장들이 낳게 될 아직 태어나지 않은 심장들…… 어쩌면 아까의 할아버지와 나는 일생에 있어 단 한번 마주치고 다시 마주칠 일 없을 심장이겠지. 그의 시간대와 나의 시간대는 다르게 흐르고 있으므로 언젠가 그의 심장이 먼저 멈추게 되더라도 나는 그를 기억할 것이다. 이 가게를 나선다면 하트 파이를 먹었다는 사실을 곧 잊어버린 채 계속해 살아나갈 심장을, 나무 냄새와 심장 모양이 그리울 때 이곳을 떠올릴 심장을, 그렇게 아름답고 마음 아프게 어긋나는 시간을 공모하며 목례를 나눈 사이이니까. 가게를 한참 둘러보고 나서야 칼과 포크를 들어

하트 심장을 끄트머리부터 조금씩 잘라냈다. 형체를 유지시켜주던 하트 틀은 곧 부서졌고 그것과 사과 조각을 함께 입안에 넣었다.

 사과 파이의 맛이 어땠는지는, 정말 맛있었다는 감각 외에 정확히 기억나지 않는다. 사과 파이를 구워 팔고 있던, 그것을 들고 올라와 보았던 가게의 광경은 지금도 이렇게 세세하게 기억나는데 말이다. 사과 파이를 다 먹고 자리에서 일어나려는데 어떤 여자가 계단 위로 올라왔다. 나는 아까 그가 내게 인사를 건넸듯 여자에게 가볍게 고개를 숙여 인사했고, 여자도 인사를 돌려주었다. 내 심장의 어떤 부분은 여기 놓고, 어떤 부분은 놓을 수 없어 아쉽게도 가져갑니다. 맛있게 드세요, 그런 심정으로 여자에게 인사를 했던 것 같다. 여자가 어떤 모양의 파이를 골랐을지 지금도 궁금하다.

10월 4일

시

사과 파이

갈비뼈

피부

셔츠 안에

나와 오래전 헤어진 사람처럼 숨겨져 있는

심장은

한낮에도 어두워.

죽어서도 다시 볼 수 없을 사람의 얼굴은

한번에 뚫고 지나가기 어려운 빛

인체공학적 빛으로 여러 겹

둘러싸여 있지.

믿음직스럽게 고집스럽게

어디에선가 웃거나 울며 열심히 돌아가고 있을

심장은 그러나 너무 현재야.

헤어진 사람의 얼굴을
인체보다 강한 빛으로 갈라 찬찬히 먹어보고 싶다면 숲
이 많아 나를
숨겨주는 북쪽 도시에
사과 파이가 유명한 도시에 가보자.

셔츠 안에서 계속해 어두워지고 있던 심장
내리쬐는 햇빛도 다 지워버릴 밝은
심장을
나무 테이블에 앉아 물끄러미 바라볼 수 있는

그 도시의 사과 파이 가게로.

구워지고 절여진 하트 모양 심장은 가게의 쇼케이스 안

에서 이런 슬프고 잔인한 사람들을 무더기로
  기다리고 있어.

  시간과 인체공학이 안심하며 이제 쳐다보지도 않는 그런 한계를 걷어낼 준비를 하고 있어.

  내부를 다 드러낸 사과 파이를 들고
  삐걱이는 계단
  관절로서 삐걱이는
  마루를 지나
  옛날에 흘렸던 눈물처럼 끈끈한 나무 테이블에 앉아 나의 심장을 들여다보기 위해
  심장의 밝은 부분을 먹어보기 위해 나는
  아끼는 셔츠를 입었지.

  먼 도시의 파이는 생각보다 못생기게 갈리고
  부서지고
  나는 드디어 현재를

지나가고 있어.

빛이 들어온다.

헤어진 사람의 얼굴이 더는 기억나지 않아도 괜찮아.

10월 5일

에
세
이

연어 주먹밥을 감싼 신문지에 인쇄되어 있던 것

 후루카와 시장 골목 안쪽의 천막 노점 거리들을 조금 지나다보면 하루에 할머니의 주먹밥 가게가 나온다. 나는 초록색과 파란색 방수포, 몇 개의 선으로 대충 덮어둔 지붕과 벽의 노점들을 서너 개 지났다. 한국의 포장마차와 비슷해 보였지만 포장마차보다 실내 느낌이 강했고 안쪽도 더 깊었다. 각 노점들의 주인인 노인들과 눈인사를 하다가 이곳이 맞나, 싶었을 즈음 드디어 그녀의 가게를 찾을 수 있었다.

 구십 세의 하루에 할머니가 숯불에 직접 주먹밥을 구워주는 곳으로 알고 갔는데, 내가 갔을 때는 하루에 할머니 대신 그녀의 며느리나 딸로 보이는 중년(과 노년 사이)의 여성이 주먹밥을 굽고 있었다. 둥근 주먹밥은 손바닥만한 크기로, 검은깨가 밥 주위에 잔뜩 뿌려져 있었고 그것 외에 별다를 것 없는 투박한 모양새였다. 안쪽에 무엇이 들어 있는지도 알 수 없었다. 게다가 앉아서 먹을 자리는 없고 정말 포장용으로만 주먹밥을 판매하는 간이 음식점이었다. 매대에는 주먹밥이 단 두 개 남아 있었는데, 내가 그곳에 방문했던 오후 두시 즈음엔 노점들 전체가 한산한 분위기였다. 아마 아침이나 한창 점심일 때 아오모리의 젊은이들이 나와 다 사가버린 것이 아닌가 싶었다. 그들은 내가 바라볼 수 없는 이곳저곳에서 주먹밥을 먹어버렸겠지. 이 노점 거리만이 아오모리의 다른 시간대들로부터 튕겨져나온 것처럼, 젊은이라곤 나만 남겨두고 젊은이들도 다 사라져버린 것처럼 고요하던 오후. 나는 이백오십 엔짜리 주먹밥을 하나 달라고 했고, 여성은 투명한 플라스틱 용기에 담긴 주먹밥을 신문지로 한번 더 싸주었다.

날이 좋아 주먹밥과 함께 십 분 정도 걸어 아오모리 공원에 도착했다. 그늘막이 되어주는 간단한 지붕과 벤치들이 일렬로 늘어서 있던 입구는, 북촌 정독 도서관 뒤편 공원을 연상시켰다. 분수나 커다란 건물은 없었지만. 그곳을 지나 공원 안쪽으로 더 들어가니 길목 사이사이 노란 꽃 분홍 꽃들이 무더기로 피어 있었다. 그 앞에 잠시 걸음을 멈출 수밖에 없었다. 덤불에 핀 꽃들이 너무 많기도 했거니와 아마 피어 있던 상태로 너무 오랜 시간을 보낸 것 같았고, 가지는 그것들을 지탱하기 버거워보이기까지 했다. 거대한 꽃덤불들 주위에 비슷하게 끝도 없이 떨어진 꽃잎들이 보였다. 이상했다. 모두가 놓치지 않아야 할 것 같은 이 과도한 장면 사이를 지나고 있는 이가 나뿐이라는 게. 동시에 아름다웠다. 관람자가 장면의 에너지에 비해 부족하다는 불균형이. 나는 덤불을 오래 눈에 담았고, 꽃잎들이 떨어져 있던 흙바닥까지가 그 무더기진 형상이 꽃덤불의 완성 같았다. 계절이 지나가고 있던 것이다.

공원 안쪽 자리는 더 다양한 형태로 흩어져 있었다. 나는 등받이 벤치를 찾아 공원 중간쯤에 이르렀고 그제야 공원 이곳저곳에 앉아 혼자만의 시간을 보내고 있는 사람들이 보였다. 나처럼 먹을 것을 챙겨온 이도 그저 멍하니 볕을 받으며 앉아 있던 이도 통화하며 누군가를 기다리던 이도 있었다. 두근거리는 마음으로 신문지를 고정해두었던 고무줄을 움직여 주먹밥 도시락을 열어보았다. 한입 베어 물었더니 주먹밥 가운데 보석처럼 박힌 구운 연어 한 조각이 보였다. 네모난 형태로 단정하게 박혀 있던 연어 조각. 너무 짜지도 싱겁지도 않은 담백한 맛이었다. 주먹밥을 천천히 씹어 먹는 동안 나의 정수리로, 무릎으로 계속해 뜨겁지도 덥지도 않은 볕이 떨어졌다. 주먹밥 주위를 감싼 검은깨와 주먹밥 안쪽에 드러난 흰 밥, 연어의 색이 잘 어울렸고 이런 조화로움은 어쩐지 가짜 같아서 불안하고 예쁘고 정체가 드러날 때까지 붙잡고 있고 싶어진다. 가장 현재임에도 한참 전에 경험한 과거 같지. 조화로움의 정체는 그저 아무 부스러기도 남기지 않는, 시간과 함께 바로 사라져버리는 0의 상태, 조화로움 그 자체임에도 말이다. 공원 주위로는 가끔 새 우는 소리와 바람 소리만이 들렸다. 공원의 사람들은 일인분의 자리만을 차지한 채 일인분의 소음과 일인분보다는 넘치게 떨어지고 있던 햇볕을 즐겼다.

이 순간을 기억하고 싶어 최대한 천천히 먹으려 노력했던 주먹밥도 다 먹어버리고 나서야, 신문지가 눈에 들어왔다. 아까 가게에서 플라스틱 도시락 겉면에 덮어주었던 신문이. 신문에는 만발한 벚꽃과 그 아래를 지나다니는 사람들에 관한 기사가 세로로 길게 배치된 사진과 함께 인쇄되어 있었다. 사진 아래 붙은 문장을 번역해보았더니 '최고의 전망이 기대되고 있는 히로사키 공원 니시호리의 벚꽃 터널'이었다. 아오모리와 히로사키는 아주 가까우니, 아마 지역 신문이지 않을까 싶었다. 사진만으로도 히로사키 공원의 들뜨고 환한 봄날이 바로 그려졌다. 신문 갱지의 어두운 빛깔이 미세하게 원본 사진의 흰빛을 덮어버렸을 것임에도 갱지를 뚫고 나오는 날카로운 꽃의 이미지가 있었기 때문에. 어쩌면 갱지 덕분에 벚꽃 터널이 자신의 존재감을 더 드러냈던 것 같기도 하다. 기사 속 벚꽃 사진과 그 아래를 걸어가고 있는 사람들의 뒷모습을 오래 바라보았다. 이 아래서서 행복의 조화로움을 바라보고 느꼈을 사람들은 지금 어디서 무엇을 바라보고 있을까. 부스러기 없이 지나가버렸을 아름다운 현재가 그들을 어떤 계절로 이끌고 있을까.

분명 주먹밥 가게에 쌓여 있던 신문이 꽤 많았을 텐데, 한 묶음의 신문 안에도 수없이 많은 기사가 실려 있었을 텐데 이 페이지가 나에게로 온 것이 운명적으로 느껴졌다. 공원에 앉아 그 기사를 발견한 때는 이미 초여름을 앞두고 있던 시점이었으니, 한국에서의 벚꽃이 져버린 지도 한 달 반 가까이 지났을 때였다. 벚꽃 철이 아닌 때, 그러나 벚꽃의 기운으로부터 시간이 아주 많이 지나지는 않은 때, 그로부터 계절의 디테일이 한 겹 달라져 가벼운 그리움과 여운을 겪고 있었을 때 벚꽃 사진을 마주하고 있다는 사실이 좋았다. 아오모리 공원과 히로사키 공원만큼의 거리감, 초봄과 초여름의 거리감 속에서. 게다가 이 원고는 한여름에 쓰고 있고 원고는 가을이 되어서야 책의 형태가 되어 낡아갈 것이다. 신문 사진과 공원 벤치로부터 몇 걸음은 더 멀어지고 있을 것이다. 잡으려 해도 한 박자씩 늦게 찾아드는, 영영 잡히지 않는 아오모리 공원에서의 감각.

하루에 할머니의 주먹밥 가게를 추억하면서 며칠 전 구글맵에 들어가보았다. 그런데 아무리 검색해도 할머니의 가게 대신 엉뚱한 곳만 나와, 손바닥 안 지도였음에도 다시 그곳을 찾기까지 시간이 꽤 걸렸다. 알고보니 가게는 한 달 전 폐업한 상태였다. 동네 사람들이 남긴 듯한 리뷰를 여러 개 읽어보았는데 할머니가 어디선가 넘어져 골절되었고,

그래서 잠정적으로 가게 영업을 종료하게 되었다는 이야기가 있었다. 아오모리 사람들은 그녀에 대한 그리움과 함께 오랫동안 이 자리를 지켜준 고마움, 얼른 건강을 회복했으면 하는 기원을 담아 리뷰를 남기고 있었다. 언젠가 그녀가 누군가의 도움을 받아 이 리뷰들을 읽을 수 있을까. 그녀에게는 얼마간의 시차를 두고 이 언어들이 전달될까. 내게 조금 늦게 도착한 벚꽃 사진과 기사 속 언어들의 속도로 가닿을 수 있을까. 동시에 알게 된 사실은 그녀가 후루카와 시장 입구의 천막 안에서 주먹밥을 만든 지 육십 년 가까이 되었다는 것. 올해 구십 세인 그녀가 내 나이 즈음부터 주먹밥 장사를 시작했다는 이야기다. 한두 달의 시차에도 이렇게 휘청이는 나에게 한자리에서 한 가지 음식에만 집중해온 육십 년이라는 시간은 쉬이 상상되지 않는다. 구십 세의 그녀가 이곳에서 맞았을 육십 번의 봄, 육십 번의 벚꽃 기사들, 그리고 육십 번의 덤불과 볕과 크고 작은 병에 대해 생각한다. 삼십 세의 하루에가 맞았을 천막 안에서의 첫 봄에 대해서도. 앞으로 얼마나 많은, 얼굴과 목소리와 체격이 조금씩 다른 봄날들, 뒤틀린 정도가 다 다른 봄날들이 지치지도 않고 찾아들지 아직은 알지 못했던 어린 하루에가, 네모난 보석 모양의 연어 조각을 처음 잘랐을 순간에 대해서도.

10월 6일

편지

혼슈 최북단의 마음으로 도쿄까지 보내는
―도쿄에 있는 쌍둥이 동생 혜덕에게

긴 여행은 아니었지만, 본격적으로 여행을 떠나보기로 마음먹은 뒤로 나는 북쪽으로만 갔던 것 같아. 그러니까 도쿄에서도 한참 떨어진 홋카이도나 아오모리로. 도쿄에서 지낸 지 십일 년이 지난 너조차도 아직 가보지 못한 곳으로.

너는 이왕 일본에 오는 거면 도쿄에 왔으면 좋겠다고 했지. 너의 집에 머물면서, 네가 찾아주는 음식점이나 술집에 가자고 했고, 너의 친구들과 애인을 소개해주고 싶어했어. 우리의 생활 반경이 달라진 지 너무 오랜 시간이 지났으니, 지금 돌이켜보면 아마 너는 너의 십일 년을 내게 아주 구체적으로 보여주고 싶어했던 것 같아. 너의 아침, 너의 자전거, 너의 공원, 너의 유창하고 어둡고 너만의 버릇이 섞여들어간 일본어와 너의 사람들, 주문하는 너의 순간과 지나갈 게요, 감사합니다, 뭐야— 말할 때의 태도와 너의 웃음과 술 취한 공기와 아지트와 여러 굴곡진 길들, 사랑들을 보여주고 싶어했던 것 아닐까. 스물한 살에 너를 보러 잠깐 도쿄에 간 적이 있긴 하지만, 너는 그때는 어렸고 이제 서른이 되었으니 도쿄를 더 잘 알게 되었다고 했어. 그 도쿄를 내게 보여주고 싶다고.

나는 언젠가 돈을 더 모아 도쿄에 가겠다고 답했지만, 막상 내가 떠나게 되는 여행지들은 도쿄와는 북쪽 방향으로 한참이나 떨어져 있는 곳이었어. 나보다 밭이 넓고 시원한 편인 네 마음에도 서운함이 있었을지 몰라. 도쿄에 오면 숙소 값까지 아낄 수 있다고 이야기해주었고, 여기 데려가고 싶은 곳이 많다고까지 이야기해줬는데 늘 내가 엉뚱한 곳들만 바라보고 너조차 걷지 않았던 길들을 걷고 있었으니 말이야.

우리는 태어나기 전부터 늘 한곳을 향했어. 배 부른 엄마가 가던 곳에, 멈춰 서 있던 곳에, 이야기를 나누고 식사를 하고 웃고 고민하던 곳에, 방향을 바꿔 돌아가던 곳에 언제든 우리도 함께였지. 같은 골목과 같은 불빛 아래 있었어. 잠 자는 순간도 먹는 순간도 물속에서 흔들리는 순간도 마찬가지였고, 태어나서도 상황은 크게 다르지 않았지. 같은 집 같은 방에서 자란 우리가 같은 유치원에 다녔고, 열아홉 살 고등학교를 졸업할 때까지도 같은 학교에 있었으니까. 지긋지긋한 등하굣길과 복도를 십일 년이나 공유하다니. 동갑인 가족과 모든 일상 반경을 공유한다는 감각에 대해서 생각해본 적은 없어. 그것이 공유되지 않는 감각을 몰랐기 때문에, 내가 향하고 머물고 가장 오랜 시간을 보내는 곳에서 혼자일 수 있다는 감각 자체를 몰랐기 때문에, 내가 누군가와 삶의 아주 복잡하고 내밀한 부분들을 공유하고 있는 줄도 몰랐던 것 같아. 2014년 봄, 네가 도쿄로 대학을 가고, 나도 대학생이 되어 1호선 지하철에 홀로 몸을 실을 때 다른 사람들은 이것을 십대 때부터 했다는 것이 신기해졌지. 공간과 언어의 분리가 우리에게 선사하는 약간의 쓸쓸함과 모험심은 대단했어.

너는 도쿄에서, 나는 서울에서 부지런히 우리의 취향을

만들어나갔지. 친한 친구들 무리가 달라졌고, 서로의 단골 집이 생겼어. 각자가 다 모르는 뾰족하고 화려한 디테일을 지닌, 때때로 조용하고 투박한 각자의 연애를 했고 각자의 괴로움과 자신 없음, 바로바로 들여다볼 수 없는 멍한 얼굴들을 갖게 되었어. 각자가 듣는 음악과 좋아하는 술과 옷, 일하며 만나는 사람들이 달라졌지. 스물한 살, 내가 도쿄에 갔을 때 그리고 네가 서울로 잠깐 들어오던 방학에, 우리는 서로 알게 된 가장 좋은 것들을 알려주기 위해 애썼던 것 같아. 서로가 없어도 서로의 자리에서 일구어온, 말로 다 할 수 없는 자질구레한 것들 앞에서 한창 의기양양했고 자유로웠던 때였으니까. 한편으로는 이걸 서로가 어떻게 받아들일까 동시에 조금 긴장했던 시기였으니까. 스물한 살, 네가 묵고 있던 기숙사에서 몇 밤을 보냈던 것이 기억나. 너는 창을 열면 도쿄 타워가 보인다고, 한겨울이었음에도 창을 열어 멀리서 붉게 빛나는 도쿄 타워를 보여주었어. 너는 매일 그 책상에서 공부를 하면서, 화장을 하면서, 맥주를 마시면서 팔뚝보다도 작은 도쿄 타워를 보아왔던 거야. 그후로 나는 너의 대학교 졸업식, 벚꽃이 만발하던 때 가족들과 다같이 도쿄에 갔고 칠 년 전 봄, 그것이 도쿄에 대한 내 마지막 기억이네. 가족들과 함께했던 일정이라 네 개인 공간이나 시간들을 찬찬히 들여다보지는 못했던 것 같아. 다만 대학교 졸업식에, 거의 모두가 기모노를 입고 일본식 머리에 머리 장식을 했던 그때, 양장을 한 네가 대학교 졸업장을 들고 환하게 웃었던 것만은 기억나.

칠 년 동안 너에게도, 나에게도 참 많은 일이 있었어. 대학을 졸업하고 너는 바로 패션 회사에 취직했지. 나는 새로운 학교에 입학해 다른 친구들과 선생님들, 다른 책들을 만났어. 너는 실생활에서의 일본어에 나는 인쇄된 형태의 한국어에 더욱 매진했던 시기였지. 일을 아주 잘했던 너는 조금씩 더 좋은 회사들로 이직했고, 나는 코뼈가 부러진 채 시인이 되었다는 소식을 들었어. 그 시기, 찾아오고 떠나던 우리 각자의 사랑은 순조롭지 않았어. 이십대 초반부터 유지해왔던 각자의 첫 우정들 역시 자연스럽게 깨어지고 있던 시기였지. 물론 그 과정들에 대해 세세하게 이야기하지는 못했어. 때문에 더 큰 위로가 되었던 것 같기도 해. 거리는 멀지만 상실의 리듬이 우리를 예전보다 차분하게 만들어주고 있기도 했거든. 너는 몇 번의 이사를 거쳤고, 그 사이 나도 살게 된 동네가 달라졌어. 자취 생활이 오래된 너는 요리를 아주 잘했고, 나는 여전히 할 줄 아는 요리가 거의 없어. 봄이 오면 나는 서촌의 벚꽃 길 사진을, 너는 나카메구로의 벚꽃 사진을 보내주었지. 광고 업계에서 즐거움과 피곤함과 성취감을 느끼던 네가 나는 항상 자랑스러웠고, 조금씩 출간되기 시작한 나의 책을 네가 거의 읽지 않아도 이제 서운하지 않게 되었어.

 아오모리에서 만난 사람들에게 네 이야기를 종종 했어. 킷사텐에서, 이자카야에서 마주친 사람들이 가족 이야기를 물어왔을 때, 쌍둥이 여동생이 도쿄에 살고 있다고 등뒤로 잠깐 지나가는 바람처럼 말했지. 거기서 더 나아간 대화는 없었지만, 그 순간 네가 참 보고 싶었어. 아오모리에서 도쿄까지는 직선 거리로 오백팔십 킬로미터. 신칸센을 타고도 한참 지나야 하는 거리지만 어쨌든 우리는 같은 혼슈에 있었지. 도쿄와 서울, 도쿄와 삿포로에서 떨어져 있던 것과는 다른 감각이었어. 기차를 탄다면 만나기는 만날 수 있다, 하지만 만나지 않고 간다는 감각이 나에게 주는 차가운 다정함이 있었지.

왜 나는 도쿄 대신 북쪽 지역으로만 여행을 가게 될까. 아마 네가 있는 곳으로 가는 건 이미 내게 '여행'이 아니라 '만남' 그 자체이기 때문인가봐. 우리가 엄마 뱃속에서부터 십대 후반까지 함께 지냈던, 모든 공간을 공유했던 그 시절을 반복하는 여정에 가까워서인가봐. 네가 독점적으로 경험한 새 현재를 내가 뒤늦게 따라가본다는 점에서 차이는 있지만, 예측불허한 에너지와 낯선 공기, 쓸쓸함만이 건네줄 수 있는 여행의 감각이 요즘 나에게는 필요했나봐.

올해가 가기 전에 도쿄에서 꼭 만나. 여행이 아닌 집에 가고 싶을 때, 우리의 과거로 돌아가고 싶어질 때, 객기 대신 따뜻함이 필요할 때, 특이하게 묶인 나의 가족, 오직 너만을 보기 위해 도쿄로 갈게.

아오모리에서의 날들을 추억하며
지금은 서울에서
연덕

10월 7일

에
세
이

여름의 겨울 박물관

 아오모리 역에서 십 분 정도 걸으면 아주 조용한 대로변이 나오는데, 대로를 따라 걷다보면 더 조용한 박물관이 하나 등장한다. 아오모리시 삼림박물관青森市森林博物館. 내가 도착했던 오후 네시, 푸르고 무성한 나무들과 풀에 둘러싸여 있던 박물관은 어지러운 세상과 분리된 어떤 공간처럼 보였다. 에메랄드색 지붕에 흰 페인트로 칠해진 외벽. 주위를 둘러싼 나무와 나뭇잎들 그림자 때문에 흰 외벽은 햇빛 속에서 끝없이 타오르며 움직이고 있는 것처럼 보였고, 세로로 길게 난 창에도 바깥의 나무들이 비쳐 부드럽게 흔들리고 있었다. 아마 오롯한 흰색이라기보다 그림자색이라 부르는 게 맞을지도 모르겠다. 이렇게까지 조용하고 부산스러운 그림자로만 가득한 외벽을 본 것은 처음이었다. 나는 박물관 외관에 마음이 완전히 빼앗겨 입구에서부터 좀처럼 들어가지 못하고 주위를 맴돌았다. 입구의 세로 현판에는 역시 에메랄드 색으로 青森市森林博物館라 쓰여 있었다.

아오모리시 삼림박물관은 1908년에 세워진 아오모리 영림국 청사의 건물을 그대로 쓰고 있다고 한다. 때문에 낡고 오래되었음에도 1900년대 초반 건축물의 정취를 간직하고 있었다. 옛 건물들이 지닌, 옛 건물들에서만 느낄 수 있는 특정 감정들과의 긴장이 있다. 기술적으로 멋을 부린 부분도 꼬아둔 부분도 없고 아주 정직하고 수학적으로 설계된 듯한 공간이지만, 엄청난 사랑과 슬픔과 공포와 자유가 억눌려 있는 것이 계단과 기둥과 복도 곳곳에서 느껴진다. 진입하기 어려운 옛 소설들과 옛 의복들이 지닌 단정함에 시시콜콜한 이야기들, 감정들이 숨겨져 있음을 발견할 때의 즐거움과 비슷하다. 정성스럽고 고집스러운 건물들 사이를 지나다니고 있을 옛사람들의 눈물과 피가 느껴질 때.

관람객은 나뿐이었고, 매표소 안에는 할아버지 두 분이 있었다. 전시실마다 냉방이 아주 잘되어 있는 이 텅 빈 박물관을 종일 지키는 마음이란 어떨까. 가끔 찾아오는 관람객들을 보며 할아버지들은 어떤 생각을 하고 있을까. 박물관 내부에는 아오모리 지역의 나무들, 산세를 표시해둔 옛 지도들, 아오모리의 삼림을 기록해둔 그림들과 목재를 자르던 여러 종류의 톱들이 빼곡하게 들어차 있었다. 알아들을 수는 없었지만, 엄청난 굵기와 크기의 나무들을 잘라 운반하는 영상도 자리에 앉아 오래 지켜보았다. 아오모리 지역의 나무들을 잘라 만든 가구들도 한컨에서 전시되고 있었는데, 아까 박물관 외벽과 마찬가지로 이 가구들도 햇볕을 온몸으로 받아 온갖 나뭇잎 그림자들로 반짝이고 있었다. 자글자글 끓어오르는 빛의 움직임 속에서 시간이 정지하는 듯 행복했다.

가장 기억에 남는 전시실은 '눈과 스키'라는 이름으로 전시되고 있던 제3전시실. 아오모리는 일본 전역에서 적설량이 가장 많이 기록되는 지역 중 하나고, 눈이 가득한 숲과 산이라는 특성 때문에 스키가 유명하다. 전시실 입구에서 흑백 사진으로 기록된, 1904년생 스키 선수의 사진을 보게 되었는데 2004년의 그는 컬러 사진 속에서 여전히 스키를 타고 있었다. 훨씬 좋아진 장비와 스키복을 입고, 젊은 시절과 똑같은 안경을 쓰고, 노인이 되어서. 허술한 스키복과 거의 벗겨질 듯한 모자를 쓰고 있던 흑백의 그가, 컬러 사진 속에서 견고히 서 있던 장면으로 건너오기까지 (최근 사진 속에서는 형형색색의 스키복과 희고 푸르게 빛나는 산과 둔덕의 색이 그대로 담겨져 있었다) 팔십 년 정도 걸렸을 텐데, 흑백 사진 속 스키라는 다소 모험적이고 낙관적이고 비현실적인 이미지 때문에 사진 속의 그는 적어도 두 세기 정도 차이가 나 보였다. 무슨 전설이나 기적처럼. 지금은 세상을 떠났을 그의 사진을 나는 오래 들여다볼 수밖에 없었다. 빛과 색을 다루는 사물의 발명과 함께, 사람은 때때로 더 긴 시간을 살아내기도 한다.

내부에는 온갖 종류의 스키 스틱들과 스키대, 스키복이 전시되어 있었고 아오모리에 처음 도입되었던 스키부터 최근의 스키들의 역사까지가 정연하게 정리되어 있었다. 그러다 나는 전시실의 한 구간에서 말을 잃고 걸음을 멈출 수밖에 없었는데, 일렬로 세워져 전시되고 있던 스키대들에 한여름의 빛이 가득 내리쬐고 있던 것이다. 그 장면은 정면에서 보아도 측면에서 보아도, 일부러 거리를 둔 채 전시실 바깥에 서서 입구를 바라보아도 슬프고 강렬하게 마음을 끄는 구석이 있었다. 바글바글한 개미떼와 같은 햇볕이 스키대와 스키스틱에 붙어 흔들리고 있었다.

그 장면 속에서 나는 여러 겹의 이상한 낙차를 느꼈는데, 아주 오래전의 산세를 지났을 스키대를 지금 보고 있다는, 그러니까 아마 이미 세상을 떠났을 사람들이 타기도 했을 스키를 지금 바라보고 있다는 과거와 현재의 흐름 속에서 빚어지는 낙차, 한겨울 엄청난 눈 위를 지났을 겨울의 물건을 푸른 잎사귀들이 흔들리는 초여름에 바라보고 있다는 계절의 낙차, 그리고 내가 전혀 모르는 지역, 처음 방문한 지역인 아오모리에 한국인인 내가 서서 이 모든 것을 바라보고 있다는 지역과 국경의 낙차. 이 순간 각자의 방식으로 곧게 펴지거나 구부러진 채 투명히 흘러드는 낙차들을 보고 있다는 확신이 들었다. 옛 겨울 사람들이 실제로 함께 행복과 고통을 느꼈던 사물을, 맹렬한 온도 속에 놓여 있던 사물을, 이곳의 오랜 삶과 닿아 있던 사물을 그와 한 번도 겹쳐져본 적 없던 이 지역 바깥 사람인 내가 바라본다. 따뜻한 빛과 함께 전해져들어오는 감각은 시간의 무상함이나 허무 같은 게 아니었다. 오히려 시간과 공간을 뚫고 들어와 여전히 내게 자신들의 과거를, 가장 현재적이었던 상을 표현하고 있는, 감춰진 부분은 감춰진 부분 그대로 두면서 가장 중요했을 장면과 감정을 상상하게끔 하는 사물들의 힘이었다. 약간 긁혀 있던 스키대의 한 부분이나 한 겹 바래진 스키대의 색, 그래서 더 아름다웠던 붉고 하늘색인 스키대의 색, 여전한 뼈대와 몸집이 그것을 보여주었다. 동시에, 사물들의 시간을 그대로 존중하면서도 그 시간에 지지 않고 실내 전체로 쏟아져들어오는 지금 이 계절이 있었다. 어떤 겨울 사물도 여름 오후의 몸집 안에서는 미지근한 온도로 놓여 있게 된다. 다른 차원의 활력으로 조용히 장악된다. 스키 스틱과 스키대로부터 뻗어져나온 그림자가 전시실 내벽에 격자무늬 그림자를 만들었고, 창밖에서 섞여들어오던 여름 나뭇잎 부딪치는 소리가 그 그림자 위로 또 겹쳐졌다. 스키와 관련된 사물들이 기진한 동물들처럼 얌전했다. 여러 에너지가 죽지 않고 혼자 내달리지도 않고 눈뜬 채 공존하고 있던 아름다운 실내. 내가 아오모리시 삼림박물관 제3전시실을 내내 기억하고 있는 이유고, 만약 아오모리 시내에도 눈이 엄청나게 쌓였을 한겨울에 이곳에 방문하게 된다면, 그때 또 무엇을 보게 될지 궁금하다. 완벽하게 겹쳐지는 계절감 속에서 시간의 문 하나가 열려, 1904년생 스키 선수의 마음을, 흑백 사진 속 그의 심장을 조금 더 가까이 느끼게 될지도 모를 일.

 그곳을 나오니 곰의 가죽이나 여우, 사슴 같은 야생 동물들을 박제해둔 전시실이라든지 어린아이 키만한 나무 뿌리를 전시해둔 전시실, 이 지역의 약초나 식물들을 전시해둔 전시실도 눈에 들어왔지만 '눈과 스키'만큼 강렬하지는 않았다. 박물관을 한 바퀴 돌고 나왔을 때, 이곳을 사랑방처럼 자주 찾는 듯한 노인 둘셋 정도가 더 들어왔을 뿐, 박물관 전체는 여전히 한산했다. 5월 29일 저녁 다섯시, 아오모리의 오후는 여전히 밝았다. 여름 초입 방문했던 삼림박물관을 여름의 심장에 새기며, 지금의 나와 시차를 만들어낼 미래의 나를 언젠가 또 이곳으로 소환해야지, 생각하면서 박물관 문을 밀고 나는 햇볕과 현재 속으로 나섰다.

10월 8일

시

아오모리시 삼림박물관

아직 내 것인 나의 서른 살이 걷는다.

죽은 스키복

죽은 사람들이

여전히

활기찬 어른답게 죽어 있는 오후 속으로.

```
       눈과 스키 雪とスキー
       제3전시실 第3展示室
```

나무 팻말 위로 흰 피가

조용한 함성 소리가 흐른다.

옛날 소리에 한 겹 덧입혀진 피는 팻말 위를 가볍게 지나는 빛처럼

동떨어져 아름다워진

장면처럼 보인다.

초기 산악 스포츠를 즐기던 어른들의 팔다리, 멋진 미래 세계 같은 근육과 활기
공포와
숨
그들이 제일 아꼈던 스트레스가 나와 이토록
점잖은 방식으로 끊어져 있다는 게 이상해.

전시실과 전시실 사이를 잇는 복도의 마루

내 몸을 잇는 두 다리

이미

죽은 어른들의 밝고 어두운 추억이 되어버렸다는 게.

|

뒤엉킴 직전의

개미떼처럼 개미떼의 다리처럼 전시실 바닥에서 우글대는

빛.

내가 잘 모르는 고장의 정교한 기록품

기록물들은

나를 항상 내 정신의 제일 안쪽

복도 끝 전시실로 밀어넣고 문을 잠가버려. 아름다운 여름 나뭇잎 부딪치는 소리

박물관 바깥 산뜻한 저승처럼 한적한 도로에서 차 한두 대 지나가는 소리

내 발자국 소리가 공간 전체를 집어삼켜버렸는데 (내 귀까지도) 거기서 뭔가

다른 시간

다른 꼭대기 듣기를 바라는 걸까.

아직 멋진 근육과 자아는 없는 서른 살의 귀는

우선 여기서 잠깐 쉬게 해주자.

*

잠근 것 치고 손쉽게 문이 열려 나는
 답답하고 단정한 재료들로 지어진 오래된 내 정신의 외벽을 부수고 안쪽
  더

안쪽으로 향하는데

이곳에서 아직 피가 식지 않은 사람은 노인인 박물관 관리인 둘과 나뿐이다.

산 정상 사진 스키 사진 여럿에 담긴 사람들의
오후 피부에서는

삶을
소중한 스트레스를
갈기갈기 찢어버리는 지루함이라곤 영원히 모르게 해줄게, 그들에게 틀린 약속을 선사한 피가
영원히

활기차게

도는 중이다.

삭지 않고 그치지 않고

전통적이고 기록적인 모든 눈꽃에 전통적인 무늬의 상처를 내는 중이다.

피 흘리는 바닥

멀리서

들리는 함성.

조금씩 죽어가는 몸으로 하는 나의 관람을 방해하지 않는 죽은 스키복
죽은
사람들은

언젠가 눈 내리는 산 정상에서 내가 모르는 가슴 아픈 사랑 이야기를
많이 만들었다. 산을 가슴 아프게 하기도 산에
가슴 아프기도 했던

여러 색으로
물로
악취로 우글거리던 이야기들을.

스키 스틱이

전시실 안 가득 격자무늬 그림자를 만든다.

곁에 걸린 새빨간 스키복은 매일 지겹게 돌아오는 시간을 칠이 조금
벗겨진 채 웃으며 돌아오는 시간을 이해하고 있다.

지울 수 없고 막을 수 없는 모두의 나이를

사랑하고 있다.

한겨울 아오모리의 험준한 산 위를 오갔을 스틱들이 초여름 빛 아래

오랫동안 놓인다.

*

　한 시간 만에 전시실을 나섰는데 삼십 년은 지난 것처럼 느껴져.

　나는 박물관 외벽에 드리워진 오늘의 빛을, 오늘 오후에만 가능하고 오늘 오후에만 유지되어 곧
　　힘 없는 즐거움 속에서 철수될

　오늘만의 빛을 본다.

　면적과 패턴
　특정 감정을 일으키는 데 있어 정밀하게 계산된

　빛의 흐트러짐을

　사고와 행복을

　아직 내 것인 나의 나이가 본다.

10월 9일

에
세
이

한글과 가나

한글날인 10월 9일에 외국어와 외국어 문자를 생각하고 있는 건 마땅치 않은 일일까. 아오모리에 다녀온 지난 5월 말 이후, 나는 일본어와 일본 문자인 가나가 마치 사람이라도 되는 것처럼 일본어에 대해 정말 많은 생각을 하게 되었고, 실제로 일본어를 많이 사용하게 되는 주간을 보내기도 했다. 눈뜨자마자 그 언어를 생각하고, 잠에서 덜 깬 언어의 얼굴을 살피고, 귀를 기울여 내 말도 들려주다가 그것이 잘 되지 않아 토라지다가, 잠들기 전에는 어둠 속에서 결국 화해하는 식으로, 이불을 끌어안으며 다시 그것의 전체를 연습해보는 식으로 육체적으로도 친밀한 관계가 되었다는 뜻이다.

나는 요즘 안국역 베이커리 카페에서 평일 오전부터 오후까지 일하고 있는데, 아오모리 출국 일주일 전 일을 시작했다가 돌아오고 나서도 계속 이 루틴을 이어오고 있다. 내가 일하고 있는 카페의 주 고객층은 80%가 일본인, 10%가 영어권, 5%가 중국인과 아랍인, 나머지 5%가 한국인일 정도로 외국인 고객 비중이 높고, 그중에서도 일본인 고객층이 대부분이라 일본어를 많이 사용할 수밖에 없는 구조다. 때문에 카페에 들어갔다가 나오는 순간이 나에게는 단순한 출퇴근이 아니라 작은 입출국 과정처럼 느껴질 때가 있다. 여권과 여행 가방 대신 앞치마와 머리 수건을 챙기고, 입국 심사장과 보안 검색대 대신 탈의실과 카페 입구의 문턱을 넘기는 하지만. 친구들에게는 농담으로 '무료로 워킹홀리데이 한다고 생각하고 있어' 이야기하며 가볍게 웃어넘기곤 했지만, 그 가벼움 이상으로 나는 이 카페에 있을 때면 정말로 모형 일본에 온 것처럼 행동하고 말한다. 고등학생 때 제2외국어로 일본어를 공부하기는 했었지만 그런 기본적인 수준을 벗어나 일상적으로 일본어를 사용할 일이 커서는 거의 없었기 때문에, 처음에는 입이 잘 떨어지지 않고 어려웠다. 내 삶에 갑자기 들어온 새로운 언어는 부드러운 외양과 다르게 칼같은 정확함과 섬세함을 요했고, 특히나 경어의 사용이 중요했기 때문에 그것을 말할 때면 마치 까다로운 전통 의복을 입는 것처럼, 의복끼리 겹쳐 입어야 하는 순서나 의복의 소매, 두르는 띠에 신중을 가하는 것처럼 어떤 긴장과 지연의 수순을 거쳐야 하는 것으로 느껴졌다. 카페에 출근하는 지하철 안에서 매일 새벽 새로운 문장 두어개를 추가로 외우면서, 고객들 앞에서 더듬더듬 그 문장을 말하면서 나는 기모노 입는 기분을 자주 느꼈다. 내 상상 속의 아주 구체적인 기모노. 언어에 대한 이런 의식적인 애정과 좌절은 그러나 아오모리에 다녀온 기점으로 확실해졌다고 느낀다.

지난 5월, 아오모리를 떠나기 전날 밤, 우연히 들른 이자카야에서 이 모든 일이 시작되었다. 나는 아오모리역에서부터 커다란 녹색 삼각형으로 빛나는 아스팜 건물을 지나, 아오모리의 토속 음식들을 요리해준다는 작은 이자카야의 문을 열고 들어갔다. 나무 틀에 통유리가 끼워진 형태로, 문을 옆으로 드륵 밀고 들어가야 하는 다소 고전적인 느낌의 주점이었다. 자리는 ㄷ자 모양의 다찌석 하나가 전부였다.

나는 다찌석의 맨 끝 자리에 어색하게 자리를 잡고 간단한 오니기리와 생맥주를 시켰다. 주인 아주머니에게는 생명력이 느껴지는 다정함이 있었고, 손님은 나뿐이었고, 유리문 밖으로 지나다니는 사람도 차도 별로 없었다. 내일이면 한국으로 돌아간다는 것도 잊고 테이블 한구석에 몸을 기댔다. 이상하게 밝은 정적. 나는 자유롭고 투박한 그 다정함 아래에서 맥주 서너 잔을 이미 마신 상태였다. 그때 쾌활한 몸짓과 목소리를 지닌 K가 들어와 내 옆옆자리에 자리를 잡았다. 청바지에 티셔츠, 가느다란 몸체를 지닌 작은 키의 일본 남자. 한국에서 왔다는 나를 K는 무척이나 반겨주었고, 나는 "야사시이데스네 優しいですね, 친절하시네요" 말했다. 그는 "니혼진와 야사시이카라! 日本人は優しいから!, 일본인은 상냥하니까!"라고 응수했다. 예상치 못했던 뭔가 그립고 유쾌한 방식의 응수. 이것이 그와의 첫 대화였는데, 이후 이어진 몇 번의 대화에서도 그는 따뜻하고 부드러운 물살을 타는 것처럼 물살에 자연스레 놀라거나 놀라지 않는 것처럼, 이 흐름에 자신의 어깨 한쪽을 내맡기며 모든 대답을 했다. K의 구식 안경이 옛날 전구 아래서 빛났다. 나는 몇 달 후 K를 다시 만나고서야 그의 이목구비를 제대로 그려볼 수 있었고, 첫 만

남 이후 한국에서 그를 그려볼 때는 당시 그가 남긴 강렬함에 비해 그를 제대로 기억해낼 수 없었는데, 그것이 사람을 헝클어트리며 들뜨게 하던 5월 밤의 정서 때문인지 당시의 분위기나 공간, 나누었던 대화들을 되짚어보려 애쓰다 고장나버린 내 부족한 기억력 때문인지는 아직도 모르겠다. 주인 아주머니와 K와 나 세 사람은 각자의 앞에 각자의 맥주잔을 둔 채 오래된 가족처럼 이런저런 이야기를 나누었고, 아주머니는 나에게 독신이냐고 물었다. 네, 독신이에요, 답하는 나에게 그녀는 남자친구 있어? 물었고, 지금은 없어요, 사 년 반 정도 만나다가 헤어졌네요, 하고 나는 이제 물속처럼 평온해진 상처 속에서 그녀에게 그리고 K에게 대답했다. 그때 옆에 있던 K가 번역기를 켠 휴대폰을 내게 내밀었는데, 거기에는 이런 한국어 문장이 반짝이고 있었다. "왜 헤어졌어?"

나는 K에게 그간의 지지부진한 이야기들을 번역기를 통해 들려주었고, K는 그렇게 긴 시간 만났는데 헤어지기까지 힘들지 않았냐고 물었다. K와 내 자리는 여전히 한 칸 떨어져 있었지만 우리의 머리와 어깨는 가운데 자리로 조금

씩 가까워지고 있었다. 네, 물론 힘들었어요. 힘들었지만, 결혼에 대한 확신이 없는 상태에서 누군가를 만나기보단, 지금 제게 필요한 것은 모험하는 시간일 거라고 생각했어요. K가 나의 번역 문장을 읽었다. 둘 다 서로의 언어에 능통하지 못해서 우리 대화는 침묵 속에서, 바삐 핸드폰 자판을 움직이며 오가는 손가락들 사이에서, 침묵 이후의 옅은 웃음과 추임새 속에서 이어졌다. 삼십 초나 일 분 정도의 시차를 지닌 채. 각자가 문장을 쓸 때는 일부러 고개를 옆쪽으로 피해주면서 바로 오지 않는 문장을 기꺼이 기다려주면서, K와의 묘한 대화가 이어졌다. 그는 전 이별을 정리하기 위해 작년 겨울 삿포로로 떠났었다는 내 다음 문장을 읽고 "캇코이이カッコイイ, 멋있다" 답해주었다.

혹시 한국에서 어떤 일 하는지 물어봐도 되냐고 K는 물었다. 저는 사실 시인이에요. 시를 쓰고 있답니다. "아나타가 카쿠시, 키니 나리마스あなたが書く詩、気になります, 당신이 쓰는 시, 궁금해요." 아마 제가 쓰는 시가 꽤 길어서 읽기가 힘드실 거예요. "다이조부데스, 요미타이데스大丈夫です、読みたいです, 괜찮아요, 읽어보고 싶어요."

정확한 번역이 아니고 어색한 부분이 많았겠지만, 나는 나의 시 「미지근한 폭포」 전문을 번역기에 넣어 K에게 보여주었고, K는 정말이지 모든 것을 이해하는 눈으로 거칠고 어색한 기계 언어 속으로 들어가주었다. 그가 전문을 다 읽기까지 이번에는 시간이 조금 더 걸렸다.

우리는 내가 좋아한다고 했던 영화 〈드라이브 마이 카〉 이야기와 북쪽 사람인 K의 고향 이야기, 수영과 운전 이야기, 제주 여행 이야기, 수학과 문학 이야기, 한국어와 일본어 이야기, 서로의 조상 이야기, 한국 군대 제도 이야기까지 주제를 끊임없이 오가며 번역기 대화를 이어나갔다. 주인아주머니는 때때로 우리 대화에 참여하면서, 때때로 우리를 그녀 자신의 배경처럼 내버려두면서 가게 마감 시간이 지난 뒤에도 우리에게 남은 약간의 대화를 기다려주었다. 나는 K가 추천해주었던 사케의 마지막 잔을 마시며 내가 나도 모르는 사이 멀리 온 것 같다는 생각을 했다. 나도 모르는 미래 속으로 나의 정신이 나의 몇 계절 뒤가 이미 뜀박질을 시작했다고. 뛰는 다리는 아스팜의 불빛 아래를 통과

하며 맹렬한 밤 한가운데를 가로지르며 행복하고 괴로운데 그것을 다 감각하기에는 지금 이곳 테이블 아래 뻗어 있는 나의 다리가 너무도 고요하게 멈춰 있었다. 다만 내 몸 바깥에서 시작된 뜀박질을 나 스스로 멈출 수 없다는 것만은 자명했고, 나는 그것이 언제 시작되었고 언제 멈출지 알 수 없어 두려웠다.

 자정이 넘은 시각, K가 호텔 앞으로 나를 데려다주었고 우리는 조금 복잡한 우정의 포옹을 나누었다. 반가웠어. 잘 지내. 안전하고 완전한 암흑 속이던 아오모리의 밤. 우리는 다음 시간을 약속하지는 못했지만 나는 왠지 K를 한번 더 보게 될 것 같은 예감 속에서 홀로 호텔로 들어왔다.

 한국으로 돌아와 일상을 보내기 시작한 나와 K는 자주 이야기를 나누지는 못했지만, 아오모리에서의 일들에 대해서도 둘중 누가 먼저 언급하거나 하지도 않았지만, 때때로 각자 있는 곳의 날씨가 궂거나 일상에서 부드럽게 돌출된 부분에 대해 나누고 싶어질 때면 메시지를 나눴다. 메시지에서도 마찬가지로 번역기를 사용해, 나는 일본어로 K는 한국어로. 얼굴을 보지 않고 번역기에만 의존해 보내는 메시지에서는, 만나서 이야기를 나눌 때보다 어색한 부분이 많았다. K가 보낸 한국어 메시지에는 존댓말과 반말이 요란하게 섞여 있었고 문맥에 맞지 않는 단어나 서술어가 사용될 때도 많았다. 어떨 때는 굉장히 예의 바르고 무거운 메시지가 오는 한편, 어떨 때는 아주 격의 없는 메시지가 왔기에 우리 사이의 거리를 가늠하기가 더 어려웠다. 나는 나의 일본어도 K의 화면에서는 종잡을 수 없이 흔들리거나 어푸러지고 있을 거란 생각에 약간 머쓱해졌다. 그래서 번역기를 몇 개씩 사용해 비교해보고, 단 한 줄의 문장도 바로 보내지 못한 채, 스스로 번거롭고 어려운 소통을 이어나갔던 것 같다. 일 분이면 보낼 메시지를 칠팔 분이나 걸려서 보내곤 했으니까. K와 한국어 사이의 거리보다는 나와 일본어 사이의 거리가 그래도 더 가까웠기 때문에 잘못 번역된 단어들이나 서술어가 있는지 점검해보곤 했다. 문장들은 여러 번역기 사이에서 본인의 어리숙한 개성, 오해라는 날개를 꺾으며 깎여나갔다. 조심스럽게 낮게 날아갔다. 정돈되었겠지만 여러 방면에서 풀죽은 문장이 어떤 방식으로 날아가 K에게 가닿았을지는 아직도 내게 미지로 남아 있는 부분이다. 메시지를 보낼 때는 카페에서 일할 때와는 비교할 수도 없이 까다롭고 관문이 많은 전통 의복을 입는 기분이었다. 단 한 사람이었지만 메시지를 보내던 대상 때문이었을까.

K와 이야기를 나눌 무렵 나는 카페에서 더 많은 일본어를 구사하게 되었고, 때때로 일본 고객들은 "우츠쿠시이 니혼고다美しい日本語だ, 아름다운 일본어다" "아나타노 니혼고 토테모 키레이데스あなたの日本語とてもきれいです, 당신의 일본어가 너무 예뻐요" 이야기해주곤 했다. 여전히 어렵게만 느껴지는 일본어 메시지와 그래도 입안에 머금었던 서툰 언어가 조금씩 나아가고 있다는, 불안과 안도의 감각 속에서 나는 태어나 처음으로 한국어가 새삼스럽기까지 했다. 마음을 나누는 친구와 즉각적인 농담을 주고받을 수 없다는 무력감, 자연스러운 추임새나 각자의 나라에서 편하게 변용돼 사용되고 있을 핸드폰 언어를 잘 모른다는 슬픔. 얼굴을 직접 마주하고 웃음을 터뜨릴 수 없을 때, 그의 육체가 보이지 않을 때 그래서 무엇도 만져보거나 가늠할 수 없을 때, 아무 일 없다는 듯 가볍게 터트릴 만한 언어와 뉘앙스가 내게 없다는, 끝없이 가난한 기분. 그러자 이 모든 것을 실은 내가 태어나자마

자 해오고 있었다는 사실이 어색했다. 카페의 외국인 고객들이 나누는 언어 뒤편으로 우리 카페 사람들의 시시콜콜한 대화가 들린다는 사실이, 퇴근하고 나오자마자 보이는 길가의 모든 간판을 무리 없이 잘 읽어낼 수 있다는 평범한 사실이, 지하철 내부에 울리는 또박또박한 한국어 방송이 너무나 새삼스러웠다. 나에게 익숙했던 세계가 여전히 투명하고 익숙하다는 사실이, K와 이야기 나누던 무렵 왜 그렇게 아프고 사무쳤는지 모르겠다.

K를 처음 만난 날로부터 두 달하고 열흘이 지난 8월 10일, 나는 아오모리 시내에서 K를 다시 마주했다. 역시 ㄷ자 모양의 다찌석과 테이블 몇 개가 놓인 작은 야키토리 가게에서. 먼저 가 있던 K가 들어오는 나를 보고 손을 흔들었다. 환하게 웃는 K를 보고서야 알 수 없는 형태로 고여 있던 칼 같고 얼음 같던 시간이 이제야 흐르기 시작하는구나 싶었다. 그 가게에서는 주문을 하려면 손바닥만한 갱지에 메뉴를 직접 적어야 했는데 그때 내가 K의 글씨를 처음 보고 있다는 사실을 깨달았다. K의 악력은 약했고 갱지의 어두움 때문에 연필로 쓰인 그의 글씨는 더 잘 보이지 않았다. 글씨

가 귀엽다. 어색한 분위기를 풀기 위해 나는 번역기를 통해 K에게 말을 걸었고, 푸핫 웃음을 터뜨린 K는 "지니와 요와 이데스字には弱いです, 글씨에는 약합니다" 답했다. 나는 글씨에 강한 편이에요, 이야기하며 K의 이름 일곱 글자를 한글로 적어 보여주었다. K는 이제 막 움직이기 시작한 생물을 보듯 그 것을 한참 들여다보았고 핸드폰으로 그것을 찍었다. 야키 토리는 한글로 이렇게 써요. 나는 다른 갱지 한 장을 가져와 '야 키 토 리'라고 적었고 K는 글자 한 자 한 자마다의 위에 'や き と り'라고 적었다.

다시, 한글날인 10월 9일에 외국어와 외국어 문자를 생각하고 있는 건 마땅치 않은 일일까. 다시 만난 K와의 대화를 이곳에 다 옮길 수 없지만, 시간보다 힘이 약한 그 대화들 역시 몇 번의 여름 속에서 조금씩 잊혀지겠지만 나는 해석되지 않는 언어 때문에 가장 깨끗한 기쁨과 슬픔을 느꼈던 순간을, K의 글자가 갱지에 약한 불처럼 떠올랐던 순간만은 잊을 수 없을 것 같다. 나는 그의 글씨가 적힌 갱지를 기념으로 갖고 오지 못했다. 기념으로 갖고 올 생각조차 하지 못했다. 이미 K의 글자들이 흐릿한 미래로까지 뚜벅뚜

벅 걸어들어가 자취를 감추었기 때문에, 그것을 뒤따라가 잡을 생각조차 하지 못했다.

  그날 저녁 아오모리 시내를 걷다가 불 꺼진 아스팜 건물을 보았다. 아오모리의 랜드마크인, 아오모리의 언어 그 자체인 십오층짜리 삼각형 건물. 건물이 어둠 속에 지워진 모습을 보고 나는 언어와 함께, 아름다운 사람과 함께 나의 한 시절이 또 지나가고 있음을 느꼈다.

10월 10일

편지

저의 정신은 막 몇 개의 역을 지났습니다
―시청역 성모정신건강의학과 김○○ 선생님께

선생님 잘 지내고 계시지요.

2023년 10월부터 2024년 10월까지 짧으면 한 주에 한 번, 길면 한 달에 한 번 선생님을 뵈러 갔던 것이 생각나요. 처음 선생님을 뵈었던 순간도, 겨울이나 여름 같은 맹렬한 기후에 병원 문을 열고 들어갔던 순간도요. 선생님 진료실 뒤편 창가로는 금속으로 만들어진 십자가가 놓여 있었고 저는 일 년간, 그러니까 계절이 네 번 바뀌는 동안 그것을 바라보곤 했어요. 선생님은 저 십자가를 정말로 믿고 계신 분이구나 생각하면서요. 선생님은 제 첫 선생님이셨고, 병원을 떠난 후 저는 상담이나 약물의 도움 없이 꽤 건강하게 지내고 있어요.

당시 저는 대학원에 다니고 있었고, 충무로에 있던 대학원에서부터 시청역 근처의 선생님 병원으로 가는 길이면 꼭 버스로 남산 길을 지나곤 했답니다. 평범한 도로와 시내를 달리던 버스는 어느 순간 가파른 풀숲을 지났고, 아주 조용했지만 이미 그것들의 존재감 자체가 어두운 소음이었던 창밖의 풍경들은 저를 조금 전의 생활 소음들로부터 완전히 차단시켰고, 저는 그 구간들을 지나 남산 타워를 마주하곤 했죠. 버스 안쪽으로 쏠릴 것처럼 몸체가 커다래진 남산 타워를요. 버스가 남산 타워와 가까워지면 가까워질수록 고개를 젖혀도 남산 타워 전체를 바라보기 어려웠고, 이 짧은 여정 속에서 저는 십 분, 십오 분보다 긴 시간을 살아낸 것 같은 착각에 빠지곤 했어요. 버스 안에서 며칠을 보낸 것 같기도, 몇 년을 보낸 것 같기도 했죠. 언젠가 제 정신의 어려움 역시도 압도적인 시간의 힘 속에서, 아직은 가늠되지 않는 먼 미래 속에서 이렇게 희미해졌으면 좋겠다고 생각했어요. 그 강렬한 풍경과 버스에서의 시간들에 용기를 얻으며 저는 선생님을 뵈러 가곤 했답니다.

선생님을 뵙지 않은 지 일 년이 다 되어가네요. 그간 선생님 진료실에는 어떤 사람들이 오갔을까요? 어떤 무력감과 슬픔과 다정함 속에서 선생님은 선생님의 일 년을 보내셨을까요. 스물아홉과 서른의 가을을 모두 선생님의 진료실에서 보냈던 저라, 더위가 가신 이맘때가 다가오면 선생님의 안부가 궁금해집니다.

10월 10일은 정신건강의 날이래요. 왜 다른 날짜들 중 하필 10월 10일일까. 아무 생각 없이 제정된 날일 수 있겠지만 저는 저 숫자들의 생김새를 생각하지 않을 수 없는 것 같아요. 1과 0은 창과 거울 같기도 하고 구분선과 호수 같기도 해요. 뾰족한 정신의 창을 비춰주는 거울이 나란히 놓인 모습으로도, 각자의 정신인 둥근 호수를 지켜주는 든든한 구분선으로도 보여요. 저에게 선생님과의 상담 시간 역시 그랬습니다. 저는 오랫동안 관계를 맺어온 사람과 관계의 끝을 내달려가는 중이었고, 자비나 아름다움이라곤 전혀 없이 무너져갔던 시간 속에서 처음 선생님을 찾았지요. 선생님은 정확하되 차갑지는 않은 거울로 제 마음을 들여다볼 수 있게 도와주셨어요. 오랫동안 닦아오신 선생님만의 거울이었죠. 저는 거울을 통해 스스로를 창으로 찌르고 있던 제 마음을 보았고요. 마음은 웅덩이나 바다와 달리, 크고 작은 파동의 영향권에 있는 호수와 같아서 그것을 지켜주는 사람이 필요하죠. 웅덩이보다는 깊고 바다보다는 얕은 그런 호수요. 충분히 깊지만 모든 걸 잊어낼 수 있을 만큼의 면적은 못 되어서, 저 스스로도 제 심연을 바라보기가 어려웠어요. 혼란 속에서 호수 밖의 딱딱하고 검은 풍경들을 바라보곤 했죠. 선생님은 그 이상한 호수 곁에서 잔잔하고 확실한 구분선이 되어주셨습니다. 그래서 거듭 말씀드리지만, 10월 10일인 오늘, 선생님과의 시간들을 다시금 떠올리게 돼요.

작년 가을, 결국 저를 괴롭게 하던 관계를 끝맺음했던 저에게, 그래서 이제 병원에 오지 않아도 될 것 같다고 말씀드린 저에게, 선생님은 그럼에도 몇 달 더 왔으면 좋겠다고, 결정 이후의 제 마음에 대해 걱정하셨죠. 저는 제대로 된 인사도 드리지 못하고 병원에 가지 않았고요.

작년 10월에 선생님을 마지막으로 뵈었고, 11월에는 선생님께서 걱정하셨던 대로 그 시간들의 여운으로 인한 파동이 있었습니다. 선생님께서 그간 많이 도와주셨음에도, 제 호수의 모양을 혼자서 지켜내기에는 쉽지 않은 시간이었죠. 켜켜이 쌓여 있던 시간들과 저 자신을, 그리고 다가올 미래의 상을 분리하는 일이었으니까요. 다만 그렇게 매서운 11월이 지나가고, 그해 12월과 올해 제가 어떤 시간들을 지나오며 삶에 대한 애정과 건강을 되찾았는지, 다시 생생하게 흐르기 시작한 순간들 속에서 어떻게 선생님을 떠올리게 되었는지 말씀드리고 싶었습니다.

작년 12월, 저는 태어나 처음으로 혼자 해외 여행을 떠났답니다. 서른 살 말이 되어서야 혼자 어디론가 떠나보았다는 이야기가 다른 사람들에게는 너무 사소하게 들릴지도 모르겠어요. 그러나 혼자 비행기를 타고, 온전한 혼자가 되어 낯선 언어 속에 저를 완전히 내맡겨보는 경험이 저에게는 커다란 도전이었답니다. 삿포로행 비행기 안에서, 제 삶이 조금씩 다른 방향으로, 전보다 빛과 그늘이 잘 드는 쪽으로 서서히 향하고 있다는 것을 직감할 수 있었어요. 착륙 직전, 눈 쌓인 삿포로의 도로와 지붕과 자동차, 숲들을 바라보면서 저에게 아직 아주 많은 미래가 가능하다는 것을, 그 사람 없이도 찾아들 미래가 아직 무수하다는 것을 깨달았죠.

충무로에서 시청역 병원으로 향하던 버스 안에서의 기억 때문일까요? 삿포로에서 오타루로 향하는 JR 열차 안에서, 눈 쌓인 가정집들과 바다 곁을 지나가면서 저는 또다른 시간 감각 속에 놓여 있게 되었어요. 열차 운행 시간이었던 사십 분이 아닌, 나흘이나 사 년 정도, 어떻게 보면 사십 년 정도 지난 것 같은 감각 속에서 많은 위로를 받았습니다. 형태도 소리도 시끄러웠던 2023년과 2024년의 모든 일이 사십 년 전처럼 아득하게 멀어지면서, 눈 내리는 열차 안 어느새 할머니의 정신을 갖게 된 제가, 다른 곳을 바라보고 있었거든요. 시간의 영향권 바깥에서 여전히 포기 않고 움직이고 있는 제 삶을요.

버스나 기차 안에서는 풍경들이 쉽게 뭉개져요. 정말로 아름답다고 느끼는 장면도 사진을 찍고 싶다고 느끼는 장면도 마음이 움직이는 순간, 카메라를 드는 순간 어느새 지나가버려요. 제가 잡을 수 있는 장면이 거의 없죠. 제가 할 수 있는 것이 거의 없지만 앞으로 어떻게든 나아가고 있다는, 묘한 무력감과 가능성의 상태가 좋았습니다. 게다가 풀숲이나 눈 쌓인 바다 같은, 한 덩어리로 뭉쳐진 자연이, 지치고 피곤한 사람의 기운을 내뿜으며 제 곁을 지나갈 때요.

8월의 아오모리에서도 JR 열차를 탈 일이 있었습니다. 아오모리역에서 사십오 분 정도 열차를 타고 가면 나오는 히로사키에 가보고 싶어졌거든요. 히로사키는 벚꽃과 히로사키성으로 유명해서, 한창 더웠던 8월에 가보기에는 그렇게 적절한 도시가 아니었지만 여름의 JR을 꼭 한번 타보고 싶었던 것 같아요. 아침이 조금 지난 시각, 약간의 더위 속에서 저는 아오모리역으로 향했습니다. 오타루행 열차와는 달리 이번에는 지정석이 아닌 자유석에 앉았고, 열차는 한국의 지하철과 같은 형태였어요. 열차 안은 일본인들뿐이었는데 다들 알 수 없는 각자의 이유로 히로사키로 향하는 사람들이었죠. 친구들끼리도, 연인이나 가족들로 보이는 사람들도 있었어요.

문이 닫히고, 열차는 이윽고 제가 지금껏 타보았던 다른 버스나 기차와 비교할 수도 없이 빼곡한 숲속을 뚫고 내달리기 시작했어요. 이런 깊은 숲도 열차가 지날 수 있다는 것을 믿을 수 없었죠. 커다란 창 전체가 여백 없는 녹색으로 가득했어요. 녹색 다음의 녹색, 열기 다음의 열기, 어둠 다음의 어둠과 밝음 다음의 밝음이 이어졌어요. 열차에 사람들이 가득해서 그 광경을 찍고 싶어도 참고 눈으로 담을 수밖에 없었죠. 그 순간 확실히 느꼈습니다. 이제 다른 누군가를 생각하고 떠올려도, 그때만큼 아프지 않다. 물밀듯 밀려들어오는 자연 속에서, 자연을 가속화시키는 이 열차 안에서, 여러 시간대를 겪으며 내 정신은 이미 몇 개의 역을 지났다고요. 동시에 이 순간이 가능해지도록 선생님께서 많은 도움과 시선을 주셨다는 사실을 다시 알았죠.

10월이 되면, 책과 함께 다시 찾아뵙도록 하겠습니다. 우리 눈 속의 거대한 풍경 속에서, 풍경이 낸 상처와 풍경이 건넨 위로 속에서 다시 반갑게 만나요 선생님.

고마워요.

혼란스러웠던 정신의 구간을 지나

이제 구김 없이 어둠도 없이

JR 열차를 탈 수 있게 된

연덕 드림

10월 11일

시

히로사키행

한동안 사라졌다 다시 나타난 빛이 있어.

너의 열심을 너무 아는

과거라는 빛.

이런 빛이라면 이제 야외에서도
지친 숲을 뚫고 지나가는 열차 안에서도 좌석에 앉아 그대로 나이들어버린 어른들의
구두 속
농담 속에서도 빛나지 않고
네 손바닥 안에서만 미약하게 빛나.

어제의 빛이어도

백년 전의 빛이어도 마찬가지.

너는 철체 모양의 긴 어둠 속으로

늘 무척 열심히 들어갔었어.

사랑을 여행이라고 생각하지도 않았어.

그래도 괜찮아. 너를 잘 아는 과거를

너도 이제 잘 알지.

너는 그걸 손바닥에 꼭 쥔 채 끝나지 않는 숲길의 어둠을 열차가 지워버리려는 이 순간을 조금씩 데워보고 있어.

검고 생생한 이 피를 반가워해도 될까.

진짜 열심은 스스로를 소진시키지 않아. 빛 아닌 다른 것이

되어버리지 못해.

열차 안을 서성이는 가족과 친구들 각자의 연인들이 쥐고 놓지 않는 빛이
상처투성이의 열심이

차창 밖의 여름 숲을 잠깐 밝히고 지나간다. 너는 손을 떼고 구두를 고쳐신는다.

이윽고 열차는 가장 최신의 과거에 도착하고

문을 열고 나가면 다른 빛이 너를 기다리고 있을 거야.

네 얼굴도
농담도 오늘 꽤 괜찮을 거야.

10월 12일

에
세
이

블루 노트

 아오모리역에서 얼마 떨어지지 않은 재즈 킷사 블루 노트. 블루 노트의 입구에는 고개 숙인 채 악기를 연주하는 검은 남자의 실루엣이 인쇄된 입간판이 있고, 정면에서는 연두색과 파란색이 조합된 세련된 간판이 보였다. 아오모리의 여러 가게들이 내뿜던 것과는 다른 아우라 때문인지, 나는 계단을 올라가는 동안에도 그곳 역시 노인들로만 가득한 공간일 것이라는 걸 예상하지 못했다. 아주 활기차고 아름다운 노인들이기는 했지만.

 밤 아홉시에 마감인 블루 노트에 저녁 일곱시쯤 방문한 나는, 주인 할머니와 할아버지 (나중에 안 사실이지만 할아버지는 구십 세가 넘은 분이라고 했다), 그리고 바 테이블에 나란히 앉아 여유로운 시간을 보내고 있던 할머니 할아버지 고객과 마주했다. 그들은 내가 들어가자마자 신기한 눈으로 어디서 왔느냐고 물었고, 나는 한국에서 왔다고 작게 말했다. 한국이로구나, 그들 중 한 명이 답했다. 블루 노트는 일렬로 된 바 좌석과 함께 뒤편으로 푸른색 소파와 이인용 테이블 서너 개가 놓인, 자연스럽고 편안한 분위기의 킷사였다. 벽면 곳곳에 유명한 재즈 뮤지션과 가수들의 사진이 붙어 있었고, 수납장 사이사이 엄청난 양의 엘피들이 꽂혀 있었으며, 내부에는 사장님들이 직접 선곡한 재즈 음악이 흘렀다.

근사한 분위기에도 불구하고 네 명의 노인과 함께 좁은 공간에 놓인 나는 약간 머쓱한 기분으로 맥주와 메뉴판에 있던 라멘 하나를 시켰는데, 뭔갈 먹고 나면 이곳이 더 편안해지지 않을까 싶어서였다. 재즈 음악 속에서 먹는 라멘이라니. 주문하면서도 웃음이 났다. 그때 주인 할머니는 "지금 라멘 재료가 없는데 어떡하지……" 고민했고, 나는 괜찮다고 그럼 다른 것을 먹겠다고 대답했다. 그런데 할머니는 재료를 금방 사 오면 된다고, 시간이 걸려도 괜찮다면 얼른

다녀오겠다고 말하곤 주방에서 허둥지둥 나왔다.

이게 지금 무슨 상황인가, 송구한데 그녀의 엉뚱함과 활력이 인상적이고 재미있기도 해서 그럼 부탁드릴게요, 답한 나는 그제야 테이블에 조금 더 편하게 기댈 수 있었다. 이 킷사에서 왠지 예기치 못했던 시간을 보내게 될 것 같은 예감. 그렇게 나는 다소 느긋하고 투박하게 흐르는 공기 속에서, 주인 할머니를 제외한 나머지 노인 셋과 맥주를 마시며 이런저런 이야기를 나누게 되었다.

일어가 아주 능통하지는 못한 나는 일본의 옛 작가들을 좋아한다고, 다자이 오사무가 아오모리 출신이라 더욱 반가웠다는 이야기로 물꼬를 터 노인들에게 말을 건넸고, 그들은 한국에서도 그가 인기 있냐고 반문하며 내 쪽으로 어깨를 가까이 해주었다. 그럼요. 다자이 오사무 외에도 많아요. 가와바타 야스나리, 아쿠타카와 류노스케, 미시마 유키오…… 한국에서도 주요하게 읽히는 작가들이에요. 일본 옛 작가들 이야기를 나누는 사이 라멘 재료를 사러 갔던 주인 할머니가 돌아왔고, 그녀는 아무 일도 없던 것처럼 아주 따뜻한 라멘을 내주었다.

 맥주에 라멘이라니 좋네, 내 옆에 앉아 있던 할아버지는 라멘 국물을 떠서 한입 마시던 내게 다시 말을 걸더니 네부타 축제를 아느냐고 물었다. 잘은 몰랐지만, 네부타 축제라면 아오모리 여행을 준비하며 자연스레 알게 되었던 축제였다. 대형 등에 불을 켜고 행진하는, 한여름에 열리는 아오모리의 오래된 축제. 실제로 아오모리 시내를 돌아다니며 네부타 등을 전시해둔 건물을 곳곳에서 보기도 했고, 네부타 축제 포스터도 아오모리의 크고 작은 식당들에 심심찮게 붙어 있었다. 도깨비나 신화 속 인물들을 모티프로 만들어진 등의 캐릭터들은 그 선이 굉장히 굵었고 감정과 이야기와 힘이 느껴졌다. 네부타 축제라면 조금 들어본 적이 있어요. 어르신은 줄곧 아오모리에서 지내고 계신 건가요? 그는 자신이 아오모리 토박이라며, 어린 시절부터 매해 네부타를 보아왔다고 했다. 나는 번역기를 켜서 그에게 보여줄 메시지를 썼다.

 그럼 소년 시절 첫 네부타를 보았을 때도 기억하시나요.

기억하지. 충격이었고 아름다웠어. (그는 번역기 사용법을 몰랐기에 나의 번역 문장에 일본어로만 답을 했다. 때문에 지금도 그의 말을 정확히 옮기지 못할지 모른다. 그의 답이 이해가 가지 않으면 질문을 바꾸어 다시 묻거나, 당시의 분위기나 뉘앙스로 그의 말을 유추해볼 뿐이었다.) 그때와 지금의 네부타가 달라요? 매번, 매년 달라. 매년 보는 네부타인데도 항상 달라. 네부타를 정말 사랑하시나봐요. 네부타는 아마 세계 최고의 축제일거야.

  콧등 쪽으로 약간 내려앉은 그의 안경과 얼굴의 주름을 바라보고 있자니 그의 소년 시절을 가늠해보게 되었다. 육십 년이나 칠십 년이 지나도록, 어린 시절의 강력한 이미지를 아직도 새로이 해석하고 사랑하는 사람. 처음 만난 젊은 외지인에게 네부타가 최고의 축제라고 단언해 말할 수 있는 사람. 살아온 터에서 여름의 물기와 습기처럼 계속되고 있는 전통을 처음 만나는 사람 대하듯 대하는 사람. 네부타 축제로 그의 작은 손을 잡고 이끌었을 그의 어른들이 궁금해지는 사람. 노인의 몸안에 소년의 정신을 지닌 채 이곳에서 맑은 술을 오래도록 마시는 사람. 어르신 이야기를, 어르

신께서 해주신 이야기를 책으로 쓰고 싶어요. 저는 한국의 작가입니다. 아오모리 이야기로 책을 쓰려고 하는데, 한 챕터를 어르신과 네부타 이야기로 꼭 쓰고 싶어요. 나는 번역기에 더듬더듬 문장을 적어가며 그에게 내밀었고, 그는 고개를 끄덕이며 물론, 답해주었다.

 술을 조금 더 마신 그는 자리에서 벌떡 일어나 나에게 네부타 축제에서 쓰는 구호까지 알려주었는데, '랏세라, 랏세라, 랏세 랏세 랏세라'라고 외치면 된다고, 한번 따라 해보겠냐고 제안했다. 사람이 더 많았으면 부끄러워 하지 못했겠지만, 여전히 블루 노트에는 사장님 내외와 그, 그의 일행인 할머니뿐이었으므로, 그리고 네부타의 추억 속으로 걸어들어가는 그만의 겹 많은 장면에, 흥 넘치는 정신에 기꺼이 동참하고 싶었으므로 나는 신나서 함께 외쳤다. "랏세라, 랏세라, 랏세 랏세 랏세라!" 그는 맞아, 잘하네! 말하며 웃었다. 그가 네부타 이야기를 쉴새없이 이어나가자 그의 일행이었던 할머니는 이제 그만해요, 그 정도면 되었어 하고 말리기도 했다. 주인 할머니 할아버지는 바테이블 앞에서 진행되는 이 모든 대화를 잠자코 듣더니 네부타 보러 아오모리에 꼭 다시 와, 접시에 둥근 초콜릿 두 개를 담아주며 내게 말했다.

네부타 할아버지는 종내 조금 더 취했다. "코코와 도코? 보쿠와 다레? ここはどこ? 僕は誰?. 여기는 어디? 나는 누구?" 농담하며 가게를 두리번거리다 나서는 그에게 나는 또 만나요, 감사했어요. 말하곤 그곳에서 술을 몇 잔 더 마셨다. 내가 아오모리에, 이 재즈 킷사에 오지 않았다면 만날 수가 없었을 사람. 2025년 5월, 서로의 시간대가 묘하게 겹쳐 겨우 만날 수 있었던, 아마 앞으로의 마주침은 거의 불가능할 사람.

그리고 그로부터 몇 달이 지난 8월 9일, 나는 블루 노트에서 이상한 경험을 하게 된다. 다시 아오모리에 방문하게 된 이상 블루 노트에는 꼭 들러야겠다고 결심했던 내가, 두 달 반 만에 그때의 그 계단을 타고 올라간 순간이었다. 네부타 할아버지가 그의 동행이었던 할머니와 바테이블의 같은 자리에 그대로 앉아 있었다. 약간은 나른한 얼굴과 자세로, 여전히 콧등에 살짝 걸쳐진 안경과 함께. 잊을 수 없는 얼굴들이었으므로 나는 바로 그들 옆에 자리를 잡았다. 이렇게까지 꿈속 같은 상황을 기대한 것은 아니었는데 아오모리는 참 과하고 이상한 일이 벌어지는 도시구나 생각하면서. 나는 조심스레 그의 물컵 옆에 번역기를 밀어넣었다. 5월에 왔을 때 뵈었다고, 그때 소년 시절의 네부타에 대해서도 말해주었다고. 그는 내가 그랬었다고? 반문하며 내 쪽을 쳐다봤다. 그건 장난이나 의도된 반응이 아니었고, 아까의 오랜 꿈속 같았던 기분이 무색해질 만큼 그는 나를 전혀 기억하지 못하는 눈치였다. 나는 초조해져 그의 동행이었던 할머니께도 말을 걸었지만 그녀조차도, 라멘 재료를 즉석에서 사와 내게 차려주었던 주인 할머니도, 구십 세가 넘은 주인 할아버지까지도, 번역기를 통해 네부타 이야기를 잔뜩 나누었던 그날 밤을 전혀 기억하지 못했다.

한국에서 다시 왔다니 신기하구나, 나의 말들에 상냥한 반응은 해주었지만 마치 그날의 기억이 나에게만 남고 그들에게서 완전히 사라져버린 것처럼, 지나가버린 네부타 축제의 불꽃 잔상들처럼 내 머릿속에만 축제 동안의 불이 덩그러니 켜져 있었다. 그러고 보니 내가 블루 노트에 다시 방문한 건 8월 9일. 네부타 축제가 끝나는 날짜는 8월 7일.

내가 아오모리에 도착하기 직전에 네부타 축제는 끝나버렸고, 혹시 네부타의 엄청난 등불이 5월 밤 대화의 열기와 '랏세라, 랏세라, 랏세 랏세 랏세라!' 구호 사이를, 이 혼돈한 노인들의 머릿속을 한번씩 헤집고 퇴장한 것인가 싶었다. 나는 실제 네부타 축제에 참여하지 못했으니까 아직 우리만의 작은 축제였던, 말로 구성해보았던 우리만의 그 네부타 축제로부터 제때 튕겨져나오지 못한 것이고. 이 분리감이 섭섭하고 잠깐 당혹스럽기는 했으나 나는 열기와 환상이 한 겹 걷어내진 이 공간에, 혼자 남은 공간에, 여행자로서의 자신감이 상쾌하게 꺾인 채로 앉아 생맥주를 주문했다. 5월의 블루 노트에는 노인 넷과 내가 전부였지만, 주말이었던 8월의 블루 노트는 아오모리의 다른 노인들로 내부가 꽉 차 있었다. 나는 왼편으로만 향해 있던 고개를 돌려 오른편에 앉아 있던 다른 노인과 대화를 시도했고, 역시 아오모리 토박이였던 그는 그만의 이야기를 내게 천천히 들려주었다. 킷사 내부의 노인들 중 가장 신사적이고 얌전한 인상의 노인이었다.

가을이나 겨울에 블루 노트에 다시 가게 된다면 어떨까.

그때도 네부타 할아버지나 내가 새로이 대화를 나누었던 신사 할아버지를 만날 수 있을까. 아니면 이제 그마저도 허락되지 않는 낯선 사람들 속일까. 어느 쪽으로든 나에게 네부타의 상징 자체로 남은 블루 노트가 있다. 화려한 꿈속, 완전히 지속되지는 않는 꿈속, 그러나 매해 여름, 거대한 네부타 등과 함께 언제나 다시금 찾아오고야 마는 꿈속 같은 킷사가. 계단을 올라 오래된 나무문을 밀고 들어가, 나는 앞으로도 그 가변적인 공간에 나를 내맡겨보려고 한다.

10월 13일

시

도심 상점 쇼케이스에 걸린 네부타 등 하나

오늘 저녁은 두 번 다시 오지 않는다.

축제를 제외한 모든 시간에 축제의 함성
나이든 유령 같은 축제의
사람들 언젠가의

축제에서

폭발하며 부서지던 피를 너무 오래 기억하는 외로움을 느낀다 나는 알 수 없는
멍한 전통 방식 그 방식의
혈관을 통해 만들어진 이곳의

사물에게서.

무릎 피를 닦으며 웃는 사람보다

내성적인 도시에게서.

잘 조성된 거리에 대해
알고 싶은 사람에 대해 아무리 물어도 답해주지 않는 도시를 계속해 걷다보면
하필 내가 왜 이 맨틀 위에 서 있었는지

왜 오늘이어야 했는지 알 수 있을까.

저녁 바람. 아직 상처나지 않은 팔이 시원해.

초저녁의 한 면처럼 넓은 면적의 쇼케이스는 그 안에 있는 것들도 그
앞을 지나는 이들도 자주 발가벗기고

죽어가는 자동차 소음
내 몸 어디선가 흐르는 땀에 집중시키고

나는 지나가버릴 오늘을 살기 위해 수많은 나에게서 전수받은 내 정신 전통의 속도를 따라가려 해.

(멍하니 신이나 도깨비 모양 종이를 접고 접합부를 찾아 오래도록 이어붙여야 하는)

너무나 원했던
진짜 삶 같고 풍채 좋은 완성본을 알아서 망쳐버리는, 핏속에 새겨진 버릇은 좀체 없어지지 않아.

내일 저녁은 내일 한 번만 온다.

도심 속 대형 종이 등은 이 순간만 이 구겨짐과 이 목소리 이 각도로 빛을 낸다.

마츠리가 아닌 가로수와

건물과 초저녁의 일상적인 고통과 몇 개의 교차로 사이 밝은 채로 놓여

어리둥절해질 자유.

우리는 너무 많은 조상의 좋지 않은 시대와 싸워 이겨낸 지루함과 너무 많은 따뜻한 말

진심이었던 슬픔들 앞에 벗겨진 채로 살아왔습니다.

가로수 가지마다 걸려 있는 나의

지난 피부들을 축제들을 잊고 싶어 대형 등에게 시선을 잠깐만 주고

점점 짙어지는 어둠 속으로 걸어가다가 나는

흐릿한 흉터가 군데군데 남은 나뭇가지들 여전히

내게서 떠나가지 않는

나의 전통 등을 본다.

언젠가의 축제부터 튕겨져나온
언젠가의 축제에게도 속하지 못한 깨끗하고 거대한 등은 이미 이 도시의 일상이 되었습니다. 이 도시의 약속 없고

사랑 없는 꿈이 되었습니다.

쇼케이스의 빛이 점점 더 진해져가고 이 시간에만 보이는 젊은이들이 말 없는 횡단보도를 건넌다.

영영 잊지 못하는 얼굴

이 도시를 닮은

고집스럽게 아름다운 이목구비를 가로지르며 흐르던

단 하나의 공기가 있어요.

축제라는 단어는 불빛이 날아간 뒤 어둠이 되어 되돌아보는 단어 마츠리는

혈액 속을 박동하며 끝나지 않는 고체의 빛 같아서

자꾸 단어를 바꿔 말하게 하는 공기가.

10월 14일

에
세
이

선물과 꿈의 감정 속으로

 사쿠라노 백화점은 아오모리 시내 유일의 백화점으로, 백화점의 1층 간판에는 Sakurano가 핫핑크색 글씨로 씌어 있다. 그중 맨 앞 글자인 S만 ∞ 형태로 눕혀져 있는데, 꼭 수학의 '닮음' 기호 같아 볼 때마다 눈에 띄었다. 외관과 내부를 포함해 백화점 전체에서 풍기는 고전적이고 느긋한 기운이 아오모리와 정말 닮아 있는 백화점. 유행이라든지 빠릿빠릿한 시설 관리라든지가 조금 뒤처져 있어서, 삶에 잘 대처하지 못하는 나의 어떤 면과도 조금 닮아 있는 백화점. 구글 평점을 찾아보면 옛날 백화점이라 '남아주었으면 하는 마음' '열심히 살아남길 바란다'는 의견과 함께 에어컨의 성능이 너무 부족하고 백화점 구석구석이 낡아서 잘 찾지 않게 된다는 의견이 공존하고 있었다. 지금의 사쿠라노 백화점이 되기까지 많은 과정이 있었다고 하지만, 첫 발상은 1951년이었다고. 옛 건물에 들어서면 자연히 이곳이 처음 개점했을 시절을 떠올려보게 되는데, 1951년 아침 이 유리문을 처음 열고 들어갔을 아오모리 사람들, 이미 세상을 떠났을 낯선 고장 속 한 세기 전의 사람들에 대해 생각하는 것이, 지금의 낡은 건물에게 위로가 될지 상처가 될지는 잘 모르겠다. 그들의 상기된 얼굴과 약간 긴장하며 갖춰입은 옷차림, 무언가 새로운 일이 새로운 것이 불어오고 있음을 강하게 느꼈을 정신에 대해 상상해보는 것이. 어쨌든 백화점은 아오모리의 죽지 않고 화내지 않는 사람처럼 이어져오고 있으니까. 존재감이 큰 것인지 없는 것인지 헷갈리는 형태로 말이다. 전성기는 지나가버린 백화점이지만, 나는 옛 백화점만이 지니고 있는 무수한 발자국과 선물의 역사들, 사랑과 마음 아픈 비밀의 역사들이 좋다. 어린 시절 이곳에서 반짝이는 사물과 빛에 대한 이미지를 처음 습득한 사람이 할머니가 되어 여전히 이곳을 거니는, 바래진 반짝임과 약해진 에어컨 통풍 사이에서 어떤 자포자기와 자유를 실감하게 될 순간들이. 아예 이곳이 사라져버렸으면 그래서 정말 아름다운 백화점이었다는 추억으로만 간직하고 싶다는 생각이 스쳐갈 것이고, 그도 아니면 처음과 같은 모습을 유지해줬다면, 시간이 체감되지 않게끔 열심히 버텨줬다면, 나아가 투자나 관리를 통해 오래될수록 미래로 나아가는 건물이 되어주었다면, 그렇게 물리적인 시간을 뒤틀어주었다면 하는 바람도 있을 수 있겠지만, 어쨌든 사쿠라노 백화점을 계속해 방문할 사람들은 백화점이 드러내 보여주는 시간의 상냥한 허점과 의기소침함을 좋아해주는 이들일 것이다.

이곳을 처음 방문해본 사람에게도 느껴지는 여러 정서들은 항상 구체적인 시간 속에서, 구체적인 관계 속에서 쌓여져 왔을 것이다. 백화점은 누군가와 함께 와서 그의 눈앞에서 그의 기호품을 바로 선물해주는 공간이기도 하지만, 내가 진정으로 아끼는 백화점의 면모는 혼자 와서 혹은 둘셋이 와서 지금 옆에 있지 않은 상대와 상대의 신체를 떠올려보는, 엘리베이터와 엘리베이터를 오가며 한번에는 그려지지 않는 그의 기호를 최대한 그려내보는, 크리스털 조명과 너무 많은 향수 그리고 비현실적으로 친절해 꿈의 장치와 같이 느껴지는 점원들 사이에서 선물의 성공과 실패를 가늠해보는, 슬프고 복잡한 꿈의 체험, 상대 없이 이것을 하고 있다는 분리감이다. 이곳을 오갔을 수많은 사람에게 찾아왔을 그런 따뜻한 고독이 이 공간을 존중하게끔 해주는 것 같다고, 물론 그런 세세한 것들은 아무도 이야기해주지 않았지만, 이제는 한산해진 백화점의 공기 속에서 나는 옛 사쿠라노 백화점과 옛 아오모리 사람들의 움직임을 가늠해볼 수 있었다.

나는 다니기 어렵지 않고 날이 한창 좋은 5월에 이곳을 방문했지만, 적설량이 대단하다고 하는 겨울에 이 백화점 앞 풍경은 어땠을까. 백화점 앞에 결계와 같이 둘러쳐진 추위와 눈을 뚫고 노란 세계로 진입했을 두꺼운 몸들. 백화점 입구에서는 내부를 눈자국들로 더럽히지 않으려는 조치가 있었을 것이다. 선물을 사서 이곳을 나서는 사람들은 선물 상자와 쇼핑백을 눈밭에 떨어트리지 않으려 더 조심히 걸었을 것이다. 바깥의 광폭하고 생생한 날씨가 선물에 대한 그들의 안목을 더욱 섬세하게 만들어주었을 것이다. 집으로, 식당으로, 약속 장소로 돌아가 사쿠라노 백화점의 봉투를 건넸을 때, 선물의 정교함이 그들의 눈앞에 동시에 펼쳐질 때 그들은 잠깐의 꿈을 꾸었을 것이다. 그 꿈을 위해 지지부진한 일들을 견뎌냈을 것이다.

나는 이모할머니 선물을 사기 위해 이곳을 방문했다. 사쿠라노 백화점은 화려한 조명이나 극적인 이미지와는 거리가 멀었지만 품질이 좋고 그만큼 가격이 비싼 물건들이 군데군데 아주 조용하게 자리하고 있었다. 이제 운명 같은 것에 관심을 갖기에는 인생을 너무 알게 되어버린 물건들처럼, 이제 이것을 사 갈 누군가를 발견하기 위해 나서거나 기다리지는 않되, 지치지 않고 자기 일을 성실히 수행하고 있는 공중의 물건들처럼. 그러다 나는 한 가게에서 얇은 은색 여름 가디건을 발견했다. 할머니가 입으시면 어떨까, 할머니의 어깨에서 팔에서 이 가디건은 어떤 느낌으로 떨어질까 그려보았다. 이곳에서 옛 아오모리 사람들이 꾸었을 그리고 현재의 아오모리 사람들 역시 여전히 꾸고 있을 꿈을 나도 꾸어보았다. 아마 내 꿈이 이곳을 조금 더 낡게 만들었을 것이다. 사쿠라노 백화점이 선물과 꿈의 감정 속으로 더 골똘해지게끔, 가디건을 들고 서성이던 나의 두 발도 어떤 역할을 했을 것이다. 백화점이 꾸는 꿈과 더 '닳아진' 가디건을 들고 나는 이 오래된 백화점을 나섰다.

10월 15일

시

용감해지고 싶었던 마음

나는 너무 확신하며 사는 사람이야 안 그런 척하지만

내가 살게 될 곳 내가 미워할 것 내가 끝까지 사랑할 누군가 말이야

안쪽
전기가 흐르고 잔잔한 노래가 흐르고 미처 흐르는 더 안쪽으로 뛰어들고 싶은 순간 사실 잘 없어 그래서
가끔 내가 고르지도 않은 세계가 내 손에 알맞게 쥐어지면 다시 놓기 싫어지나봐

내가 집은 것이 먼저였는지 알아서 내게 쥐어진 것인지

는 기억나지 않지만

  쥐고 다니기에는 너무 차갑거나 너무 뜨겁고 너무 미끌거리거나 너무 날카롭지 힘을 조금만 줘도
  끝나지 않을 것 같은 노래 속에 피곤해지던, 아주 잠깐 어른이 된 것 같은 약한 와트의 혼란 만족스러운
  혼란이 가끔 전기를 켜주던 나의 어린 시절처럼 쉽게 부서지는 세계야

  세계는 내 손바닥의 파임을 정확하게 알고 나는 용접 안경을 쓴 채 사랑받았다고 느껴

  함께 살고 싶었어요.

  걷는 것도 뛰는 것도 하지 않고 피가 잔잔해지는 확신 속에 누워 있기만 했어

10월 16일

에
세
이

빛과 우울과 이국적인 이름의 킷사들

 재즈 킷사였던 블루 노트를 제외하고 아오모리에서 들른 킷사는 세 군데다. 알프스 추오점과 알프스 츠츠미점, 그리고 밀란.

 아오모리에 아주 세련되고 신식 디저트를 내어주는 카페도 많지만, 나는 세월과 생활이 느껴지고 약간의 무심함이 느껴지는 킷사를 가장 편안해한다. 완벽하게 청결하지 않아도 크고 넓은 소파에 앉아 식사와 커피를 같이 해결할 수 있는 느긋한 분위기 역시, 바깥 반응에 느린 내 성정에 잘 맞는다. 시대를 가늠할 수 없는 공간에 숨어들어 시간을 잊고 바깥을 잊어버리기. 전문 식당에서 먹는 음식보다는 서툰 실력의 평범하기 그지없는 음식을 먹으며 식사를 하고 있다는 기분도 잊기. 내가 킷사를 좋아하는 이유다.

 5월에는 알프스 지점 두 군데에 방문했는데 추오점과 츠츠미점은 도보 이 분 거리로, 이렇게나 가까운데 분점을 냈다는 것이 신기했다. 알프스는 정말로 알프스 산맥의 그 알프스였는데, 특히 추오점의 출입문에는 알프스 산맥을 형상화한 커다란 스티커가 붙어 있었다. 알프스만큼은 아니지만 알프스와 마찬가지로 산세가 험준하고 눈이 많이 오는 아오모리에서 알프스 킷사를 처음 열고 운영했던 사람들의 마음이란 어떤 것이었을까. 아오모리에서부터 알프스까지의 허무맹랑한 거리감이 그럼에도 현실적인 거리감을 잊게 해주는 압도적인 눈밭 사이에서 상호명을 떠올려냈을 천진한 마음을 가늠해보았다.

 먼저 방문한 곳은 숙소와 조금 더 가까웠던 츠츠미점이었고, 이른 시각 간단하게 아침을 먹으러 들어서자마자 깔끔한 셔츠에 회색 니트 조끼를 입은 할아버지 한 분이 반겨주었다. 아침이었는데도 조도가 낮은 전등 몇 개만을 켜둔 킷사 내부는 생각보다 어두웠다. 와중 출입문 바로 앞쪽에 전등 빛이 가장 밝게 떨어지고 있는 카운터가 있었고, 소파 자리도 여럿 있었다. 초여름에도 이렇게 내부의 내부 같은 인상을 주는 킷사, 실제 알프스를 가보지는 않았지만 거친 이국의 산과 산 내부의 조용함을 상상하게끔 해주는 킷사인데 겨울에 오면 정말 이곳이 알프스 같겠구나 싶었다. 이 시간에 여기 들른 사람은 나뿐이었고 나는 창문 옆 제일 안쪽 소파에 자리를 잡고 모닝 세트를 시켰다 (커피와 토스트, 삶은 계란을 포함한 구성으로 오백 엔이었다). 옆쪽 벽면에는 이곳 분위기와는 사뭇 다른 작년 네부타 축제 포스터가 붙어 있었다. 가뜩이나 전날 밤 블루 노트에서 네부타 할아버지를 만나고 몇 시간 지나지 않아 몸체가 두껍고 눈썹이 굵은 붉은 도깨비 전통 등이 화면에 가득 담긴 포스터를 보고 있자니 이곳은 역시 아오모리구나 싶었다. 평면일 뿐이어도 포스터 속 도깨비의 존재가 확실하게 내뿜고 있던, 매해 끝나지만 매해 끝나지 않는 감정적이고 강한 여름의 기운. 아무리 알프스여도 네부타와 여름 아오모리의 정체성을 타협하지 않고 드러내고 있었다. 이곳은 알프스라는 이름 하에 들어온 가상의 내부라는 사실을.

이윽고 킷사에 할아버지 한 분이 더 출근했고, 역시 단정한 셔츠를 입고 있던 그분은 출근하자마자 바로 남색 앞치마를 정갈하게 매곤 아마 내 것일 커피를 내리기 시작했다. 그는 집중해 커피를 내리다가 커피 방울이 플라스크 안에 천천히 떨어져 기다려야 하는 구간이 오면, 거의 백색소음처럼 조용하게 틀어져 있던 텔레비전에 시선을 주었다. 그의 뒤편으로 아까 내 주문을 받아준 할아버지가 부엌으로 들어갔다. 할아버지 두 분이 운영하는 킷사라니. 보통 할머니 한 분이나 부부가 운영하는 킷사는 가보았어도, 할아버지 두 분이 손님을 맞아 분주히 움직이는 모습을 보는 건 드문 일이었다. 두 분은 알프스에 가봤을까, 가보지 않았다면 가보고 싶어할까, 아니면 별 생각이 없을까. 처음부터 별 생각이 없었을까, 가보고 싶었던 시절이 있었지만 지금은 시들해진 걸까 궁금했지만 그것을 미지로 두는 것이 알프스에서의 완성이겠다 싶었던 나는 아무 말도 하지 않았다. 두 분은 왠지 실제의 알프스 자체에는 현재 별다른 소망이나 계획이 없으실 가능성이 커 보였지만 말이다.

어떤 잼이나 재료 없이 버터로만 구워진 모닝 세트는 누군가의 집에 초대받아 먹는 것처럼 소박했다. 빛이 잘 들어오지 않는 커튼과 편안하지만 낡은 소파, 구식 테이블로 가득한 이곳이 좋았다. 알프스도 아오모리도 아닌 조금 이상한 곳에 와 있다는 기분 속에서 커피를 마시고 흰 껍질로 둘러싸인 계란을 깨 먹었다. 그때 셔츠에 니트를 입고 있던, 처음 이곳에 들어왔을 때 나를 맞아주었던 할아버지가 이제 자기는 퇴근할 시간이라고, 마저 좋은 시간 보내다 가라며 인사를 건네주었다. 아마 이 시간이 두 분의 교대시간 같았다.

 알프스 추오점은 같은 날 별다른 계획 없이 가게 되었는데, 아침 식사를 마치고 아오모리의 공원을 여러 군데 걷다가 혼초 성당까지 걸어갈 기력이 없어 잠시 앉아 쉴 곳이 필요했던 것이다. 문에 붙은 알프스 그림을 보자마자 아까 그곳의 분점이구나 싶었다. 추오점은 츠츠미점보다 규모가 작았는데 한낮이었음에도 내부는 굴처럼 어두웠고, 내가 들어가자마자 카운터에 서 있던 노부부 둘이 반겨주었다. 두 지점 모두 커피 종류가 무척 다양했는데 이왕 가상의 알프스에 들어왔으니 아오모리와도 알프스와도 동떨어진 이국적인 커피를 시켜보자 싶었다. 커피에 대해서 잘 모르지만 나는 오로지 이름만 보고 하와이 코나 커피를 시켰다. 한 잔에 팔백 엔짜리 커피였다. 조금 전까지 서 있던 곳과 내가 앉아 있는 곳 그리고 마시고 있는 곳의 경계를 흐리게 하는 사치 속에서 휴식을 취했다. 유리문으로 들어오는 바깥의 약한 빛이 내부에서 이리저리 흔들렸다.

8월에 다시 찾은 아오모리에서 가장 먼저 들른 곳은 킷사 밀란이었는데, 아오모리역이나 신마치와는 조금 떨어져 있어 버스를 타고 몇 정거장 가야 했다. 킷사를 가는 길도 킷사 주변도 외관도 밀라노와는 전혀 관계가 없어 보였다. 밀란의, 가운데가 약간 돌출된 둥근 남색 지붕은 동양풍이었고 시내와는 조금 떨어진 킷사 주변에 흩날리던 흙먼지, 들꽃들 역시 밀라노의 이미지와는 거리가 멀었으니까. 어쨌든 상호명과 실제 장소 사이 약간의 비슷함이나 심정적인 친숙함이라도 찾아볼 수 있었던 알프스와도 전혀 다른, 밀란의 문을 열고 들어갔다. 밀란은 가정집을 개조해 만든 킷사 같았는데, 카운터 앞 다찌 자리에 의자 대여섯 개가 놓여 있었고 뒤편으로 구식 소파와 검은 테이블이 네 군데 정도 있었다. 오래된 스테인리스 주전자와 난로, 커다란 달력과 화분들이 다소 조잡하게 공간을 둘러싸고 있었다. 가게는 한산했다. 주인으로 보이는 할머니와 단골로 보이는 다른 할머니가 다찌석에서 서로 얼굴을 맞댄 채 담배를 피우고 있었다. 그들은 내게 어디서 왔냐고 물었고, 나는 서울에서 왔으며 지난 5월 방문한 아오모리 생각이 계속 나 이번에도 오게 되었다고 답했다. 나는 다찌석 그러니까 그 노인들을 건너다볼 수 있는 안쪽 소파에 앉아 아이스 커피를 시켰다. 그들은 다정하고 명랑했지만 내가 아오모리에서 만났던 노인들 중 가장 거친 기운이 느껴졌다. 주인 할머니는 내게 커피를 주고 나선 내 쪽은 거의 신경도 쓰지 않고 우렁찬 목소리와 함께 그들끼리의 수다를 이어나갔다. 그들은 담배를 꺼내 계속 불을 붙였다.

 나는 왠지 소파 등받이에 등을 기대지 못하고 긴장된 등과 허리로 꼿꼿하게 앉아 커피를 마셨다. 그러곤 조금 우울해졌는데 5월부터 이번 여행을 급히 계획하게 된 8월 초까지, 혹시 아오모리에서 살게 된다면 어떨까 만약 그렇게 된다면 아오모리에서 채워질 대부분의 대화와 사람들과 일상은 어떤 모양일까, 내가 이곳에서 살 수 있을까 진지하게 상상해왔었기 때문이다. 할머니들이 마주앉아 담배 피우는 것을 바라보면서, 그들 목소리의 낮은 곳에서부터 끓어오르던 내가 모르는 아오모리의 기후와 감정과 이런 한낮과 생활을 떠올려보면서, 떠올림에 실패하면서, 구식 달력의 어떤 부분이 약한 형광등 빛 아래서도 잘 보이지 않는다는 것을 깨달으면서, 모든 환상이 킷사 밀란의 야생동물 같은 감각들 속에 자연스럽게 걷어지고 있음을 받아들이면서, 자신이 없어지고 슬픈 마음으로 커피를 마셨다. 무엇에 부끄러웠는지 모르겠지만 부끄러웠다. 겨우 몇 순간의 강렬함만으로 다른 삶을 구체적으로 그려보다가 현실의 몇 분만으로 의기소침해지다니. 밀라노와도 내 관념 속의 아오모리로부터도 밀려나오면서 커피를 다 마셔갈 즈음, 동네 주민인 할아버지 한 분이 밀란으로 들어왔다. 할머니들이 한국에서 온 사람이라고 나를 소개하자 그는 아무것도 없는 여기에 왜 왔어, 했고 나는 그냥요, 아오모리가 그냥 좋아요, 삿포로보다도요, 답했다. 알 수 없게도 그 순간 마음에 오히려 힘이 실어지는 듯했다. 나는 기억하지 못하는 내 내밀한 부분들의 아주 옛날 부분이 아오모리에 산 적이 있었던 것처럼, 가벼운 혼란과 우울 속에서도 이곳을 긍정할 수밖에 없는 부분이 나에게 남아 있는 것처럼. 밀란의 노인 셋은 그렇구나, 아오모리를 좋아해주다니 정말 고마워 말하며 웃었고 나는 밀란의 문을 열고 나섰다.

더운 해가 머리 위로 내리쬐었고, 차 몇 대가 가끔씩만 지나다니던 밀란 바깥의 작은 도로. 잡초와 들꽃들이 아랑곳하지 않고 심겨 있던 도로의 주변. 실제의 밀라노에 언젠가 도착해 Milan이란 글씨를 어디서 보게 되더라도 나는 밀라노와 전혀 닮은 구석이 없는 이곳, 예측했던 모든 공간과 공간의 이미지로부터 나를 탈락하게 했던 이 킷사를 생각하게 되지 않을까.

알프스와 밀란. 아무렇지도 않게 커다란 이름을 붙여버리고 제 뜻대로 굳건히 서 있는 아오모리의 킷사들이 좋다. 청결하지도 세련되지도 않은 킷사가 지닌 여러 마음들 그리고 거의 신체적으로 느껴지기까지 하는 그곳들만의 분위기가, 노력하지 않는 부분들과 그럼에도 이어오고 있는 그곳들만의 언어, 그곳을 향한 평범한 사람들의 애정이 좋다.

이국적인 이름의 킷사들 곁에서 느꼈던 잠깐의 빛과 슬픔도 킷사 안팎을 감싸던 아오모리의 더위들도.

10월 17일

에
세
이

혼초 미끄럼틀

 오늘은 '체육의 날'이고, 체육의 날이 가을에 있어서 운동회나 각종 체전들이 이즈음 열리는 것인가 싶다. 나는 어려서부터 체육과는 거리가 매우 먼 사람이었는데, 초등학교 때부터 고등학교 졸업 직전까지 체육 시간을 가장 괴로워했고 갑작스러운 비 소식이나 일정이 꼬여 체육 시간에 자습을 하게 되면 남몰래 좋아하기까지 했다. 다른 과목은 그것을 잘하지 못해도 감출 수 있는데 체육은 늘 모두 앞에서 시범을 보여야 했으므로 수치는 배가 되었다. 배구나 농구 피구 같은 구기 종목부터 둘씩 짝을 지어 해야 하는 배드민턴, 도구 없이 달리기만 하면 되는 여러 종목의 달리기까지.

 특히 체육대회마다 반 대표로 뽑혀 나가야 하는 계주 주자들은 나와는 전혀 다른 종류의 존재로 느껴졌다. 단거리 달리기 시합에서 꼴찌를 하지 않은 적이 단 한 번도 없었던 나로서는 그들의 속도나 순발력 그리고 칠판에 주자로 이름이 적힐 때마다 그들을 감싸던 고요한 의기양양함이 천상의 것처럼 느껴졌다. 아주 어린 시절부터 그랬고 대회마다 그들은 흰색 같았다. 다른 차원 다른 상공에서 다른 정신을 두고 겨루고 있는. 몸을 쓰고 땀이 나는 것은 다 같은데 왜 달리기가 더욱 신비롭고 정신적인 영역의 것처럼 느껴졌을까. 도구 없이 하는 운동이었기에 그들의 몸을 감싸는 어떤 물체가 없었기 때문에, 앞을 향하는 그들의 시선은 끝이 없어 보였고 순식간에 지나가버리는 그들의 신체 역시 지나간 먼 과거를 다시 돌려보고 있다는 비현실적인 기분을 선사해주었다. 계주는 항상 운동회, 체육대회의 마지막 순서를 장식했고 그들을 둘러싼 응원단의 소리와 상관없이 뛰는 그들에게는 깨끗한 아름다움이 있었다.

어른이 된 나는 여전히 빠르게 달리지는 못하지만, 좋아하는 공간을 발견했을 때 오래 걷는 것은 잘하게 되었다. 나를 응원해주거나 지켜보는 이는 없지만, 아니 오히려 없어서 끝없는 길을 좀처럼 지치지 않고 걷게 되었다. 그러다 체육이라는 단어가 잘 연상되지는 않는 나만의 느린 달리기도 하고 말이다. 학생 시절 계주를 뛰던 친구들의 정신에서 흰색 전체를 보았다면 내게서 보여지는 건 그때그때 다른 바탕색에 찍힌 희끗한 자국뿐이겠지만. 아오모리에서도 하루 이만 보 이상을 걸어다니곤 했는데, 어디를 걸어도 골목과 가정집들 사이로 금방 푸른 산이나 지평선이 보여서 내가 제자리에서 하나의 길을 걷고 있다는 착각에 빠지기도 했다. 시원한 때 걸어도 오래 걷다보면 몸이 천천히 데워지는 게 느껴졌고 이제 내가 체육 시간과는 상관없는 시기를 보내고 있다는 사실이, 내 몸의 움직임을 누구에게 보여주지 않아도 된다는 사실이 새삼스러웠다. 그때만 해도 내게 늘 조금 기묘하게 느껴졌던 체육 시간이 인생에서 끝이 없었을 것 같았는데 말이다.

초저녁부터 해질 무렵까지 걷다가 아오모리시 혼초 주변에서 놀이터 하나를 발견했다. 우거진 풀숲과 몇백 년은 되었을 거대한 한 그루 나무가 놓여 있던 놀이터였다. 사실 놀이터라고 하기엔 애매하게 미끄럼틀 하나만 덩그러니 서 있었다. 보통 미끄럼틀과 함께 그네나 시소 같은 간단한 기구들도 모여 있기 마련인데 정말 미끄럼틀 하나뿐이었던 꼿꼿하고 고집스러웠던 곳. 그렇다고 색이나 구조가 단순하거나 최소한의 느낌뿐이라는 미끄럼틀이 아니었고 얼핏 보기에도 매우 신경써서 디자인된 아름다운 미끄럼틀이었다. 어딘가에서 다른 기구들과 함께 어우러져야 했던 것이 이곳에 불시착한 듯한 인상이었다. 나를 오래도록 고민하게 했던 체육의 세계로부터 떨어져나와 내가 지금 혼자 걷고 있는 것처럼. 내가 모르고 지나쳤을 과거 체육 시간의 아름다움들, 그러니까 예상치 못한 방식으로 이어진다면 새로이 해석될 만한 과거와 내가 지금 적극적으로 연결되고 싶어하지는 않는 것처럼. 다리가 아픈 줄도 모르고 걷다가 모두와 동떨어진 저 미끄럼틀을 바라보는 것만으로 충분한 것처럼. 미끄럼틀 위로 부드러운 주황빛 저녁 해가 떨어졌다. 스테인리스 판으로 반사된 빛이 풀숲으로 그리고 놀이터 주위로 번져나가는 것이 보였다. 당연히 여기 들어와 노는 아이는 없었다. 달리기를 하는 아이도 억지로 체육을 하는 아이도 없었다.

체육의 날인 오늘 여전히 혼자 걷거나 혼자 가볍게 달리는 것만을 좋아하는 나의 신체를 떠올리면 학생 시절로부터 다시금 튕겨져나온 것처럼 겸연쩍지만, 그럴 때마다 혼초 주변에서 보았던 외롭고 독립적인 미끄럼틀을 생각한다. 저곳을 타고 내려오는 아이를 상상해볼 수조차 없었던, 부모들이 저것만을 위해 아이를 들여보내지는 않을 것 같은 깊은 풀숲 사이에 놓여 있던 미끄럼틀을.

내가 얼마나 체육을 못했고 체육 시간을 좋아하지 않았는지 알고 있는 옛 친구들은, 내가 이렇게 오래 혼자 달리거나 걷는 어른으로 자랐다는 것에 놀라곤 했다. 그럼 다른 운동은 할 생각 없는지, 다른 사람들과 함께 달려볼 생각은 없는지 물어올 때 지금으로 충분하다고 답하면 그래 여전하구나, 친구들은 미끄럼틀에 내려앉던 햇빛같이 웃곤 한다.

다른 상공에서 모두의 시선을 받으며 달리는 흰색의 주자는 되지 못하겠지만, 녹색 놀이터 한가운데 놓인 어리둥절한 미끄럼틀의 자세로 있고 싶다. 스테인리스 판에 반사된 빛이 눈을 흐리게 할 때 가끔 흰색으로 보이는 풍경의 요소들에는 강한 마음이 있다.

10월 18일

시

아오모리 현립 미술관

 가로로 긴

 흰 건물은 가끔씩만 아름답게 흘러나오는 정신을 이어붙여 만든 노력 같아.

 계단과 계단 전시실과 전시실의 접합면에는 나의 정신도 당신의 정신도 이곳에 와본 적 없는 사람들의 정신도 골고루 섞여 들러붙어 있겠지.

 너무 흰 미술관에서는

 깨끗해 보이는 모두의 정신에 걸려 넘어지지 않게 조심해야 하는데 그림이 그 사실을 좋아할지는 모르겠어. 나는

모든 색을 지워버리는 빛 그리고 어둠 앞에 때로 가만히 멈춰서기도 했던 나 자신을
　여기저기 빼놓은 채 걸어다닌 지 오래되었고

　색을 많이 쓰던
　이제는 죽은 작가. 1932년에 아오모리현 히로사키시에서 태어난 사노 누이의 작품이 전시실마다 십 년 단위로 걸려 있다. 그는 파란색을 좋아했고
　미술관 바닥에 흥건한 많은 위태로운 정신을 따라 걷던 사람들
　여기 들어오기까지 마구잡이로 내달리던 옛날
　아무데서나 잠들어버리던 나의 옛날이 넘어지지 않고 힘들게 노력하지도 않은 채

　사노의 파란 그림들을 본다.

　파란 입술과 파란 산 파란 실수들과 파란 화의 얼굴에는 너그럽게 흔들리던 마음을 정하고 어떤 방향으로든 가려는 태도가 있지. 사노가 그린 것은 정확히 그런 희망들 그런

구체적인 에너지가 아니지만

그가 목격했을 최초의 파란색은 어릴 때 보았을 히로사키의 푸른 산맥들일 거야. 하얗게 탈색된

누군가를 용서하거나 내가 무언가 잘못한 것은 아닌가 두고 온 것은 없는가 되돌아보게 하던 마음의 끄트머리를 아니다. 그것은 아니다. 잘라내주는 영원한

단호한 토박이 어른들 같은 답으로

헷갈리게 하지 않는 그만의

자연으로 물들게 하던

정신의 흰 면을 약간 손상시키던.

*

전시실을 나선 나는 미술관 공원 벌판에 놓인 나무를 본다.

진한 녹색으로

미술관 바깥 동선으로

나무 밖으로 흘러나오지 않는 고체의 뻣뻣한 잎사귀들로 입장을 정한 나무

곁에 앉아 쉬는

죽은 작가.

사노가 삼십대에 작업했던 육십년대의 작품들에도 파란색은 계속되고 있었고 그의 정신은

히로사키의 푸른 산맥들 위에 수없이 많은 다른 파랑을 덧씌울 수 있을 만큼 넓고 외롭고 강인했겠지만

이제야 앉아 쉬고 있어. 사노는 말한다.

미술관은 나의 구십 년을 한 시간 만에 걸어다닐 수 있게 해주는 좀 이상한 사랑의 공간이니까

건물이 하는 노력은 내 마음을 쉬게 하고 아프게 하니까.

　인왕산의 푸른 산맥을 바라보았던 어린 시절의 내가 흰색 옷에 푸른 물감을 쏟았던
　푸른 것을 먹으며 푸른 입술 푸른 얼굴로 푸른 고체의 말들을 쏟아내며 느리게 폭발하던 내가
　희게 설계했던 나의 노력에
　당신의 흰 방에 푸른 발자국을 남기며 얼룩덜룩해진 내가

　우는 나에게로 한꺼번에 달려오기 시작한다.

*

　사노는 2023년 8월, 구십 세의 나이에 심부전으로 사망했다.

*

　가로로 긴

흰 건물로부터 빠져나온 나의 정신은 당분간 이토록 흰 건물을 다시 마주하게 될 일이 흔치 않다는 것을 슬프게 기쁘게 이해하고 있어. 넘어지지 않기 위해 애쓸 일 앞으로

많이 없을 거라는 걸 그럼에도 있기는 할 거라는 걸.

그때 내 무릎에 푸른 멍이 들어 있을지 궁금해.

10월 19일

에
세
이

미래의 빙수 가게

 책을 쓰는 동안 사라진 아오모리의 가게들이 많다. 하루에 할머니의 주먹밥 가게도 그러했지만, 8월에 들렀던 히로사키의 오사나이 아이스크림 가게도 이 책이 출간될 무렵이면 사라져 있을 것이다. 이곳에 처음 방문했을 때 9월까지 영업한다는 이야기, 그간 사랑해주셔서 감사하다는 종이 안내문이 세월이 느껴지는 가게의 유리문에 붙어 있었다. 워낙 오래된 가게들이고 한 사람이 평생 영업해온 느낌의 가게들이라 그럴 것이다. 가게가 사라지는 쓸쓸하고 의미심장한 순간을 그러니까 가게의 입장에서도 가게의 마지막 구간, 가게의 노년을 함께 지나오게 되었다는 생각이 들었다. 책 작업중 두 번이나 이 상실을 마주하며 시간의 그늘과 힘, 상처를 동시에 느낀다. 나의 추억이 아니고 나의 공간이 아니었음에도, 아니 오히려 그렇기에 더욱.

 오사나이 아이스크림 가게는 히로사키역에서도 버스를 타고 이십 분 이상 들어가야 하는 깊숙한 곳에 있었다. 소프트 아이스크림부터 하드까지 단순한 옛날 아이스크림들과 빙수를 동시에 판매하던 곳. 먹고 가는 이들도 있었으나 잠깐 가게에 들어와 아이스크림을 몇 개 사 가는 고객들이 대부분이었다. 가정집들과 논밭만이 펼쳐져 있는 가게 주변 때문인지 보통 나처럼 버스를 타고 고생해 방문하는 사람은 드물었고, 국도를 타고 어딘가로 향하는 사람들이 운전중 휴게소처럼 들르는 것 같았다. 실제로 안쪽 자리에서 빙수를 먹는 동안, 여행중인 가족 단위의 사람들이 많이 방문했다. 계산하고 다시 자동차로 돌아가는 사람들을 바라보고 있자니, 아오모리시에서부터 JR과 버스를 타고 좁은 골목과 집들을 지나 넓게 펼쳐진 논과 산을 바라보며 이곳에 혼자 도착한 나의 현재가 더욱 비현실적으로 느껴졌다.

 가게는 그야말로 히로사키 사람들의 추억의 가게인 듯했다. 노인부터 중년의 고객들, 젊은 부부와 아이들까지 냉동

고에 얼굴을 묻은 채 아이스크림을 고르고, 몇몇은 기대하는 얼굴로 몇몇은 지친 얼굴로 줄을 선 모습을 보고 있자니 이곳의 폐업 소식이 저들에게는 정말로 한 시절과의 이별이겠구나 싶었다. 나는 아이스크림 냉동고와 작은 계산대가 있던 입구의 방을 지나, 앉아서 먹고 갈 수 있는 안쪽 방에 자리를 잡았다. 젊은 부부와 아이들로 구성된 가족이 내 앞쪽 테이블에서 빙수를 거의 다 먹어가는 참이었고, 나는 그들 바로 뒤쪽에 앉을 수 있었다 (사인석이었지만 주인 아저씨가 편히 앉으라고 안내해주었다). 테이블 바로 옆에 난 커다란 창으로 가게 앞에 주차된 여러 대의 차와 넓게 뚫린 국도가 바로 내다 보였다. 가게에서 내다 건, 빙수를 홍보하는 현수막이 여름 바람에 조금씩 흔들렸다.

나는 아주 단순한 일본식 빙수인 카키고오리를 시켰다. 강렬한 색이 들어간 것을 먹고 싶어서 포도맛으로 시켰는데, 곱게 간 물 얼음에 포도 시럽이 조금 뿌려진 것 외에 아무것도 없는 단순한 빙수였다. 얼음도 거칠게 갈려 있어 빙수의 결과 형태가 암석처럼 보였다. 혼자 빙수를 반 정도 먹으며 앞쪽 테이블 가족들을 훔쳐보았다. 아이들은 배가 부른지 아니면 빙수를 조금 먹다가 흥미를 잃었는지 요란한 색의 빙수들을 젊은 부부가 대신 처리하는 중이었다. 이미 빙수가 많이 녹아 거의 마셔야 했다. 아이들의 시선과 몸은 이제 다른 곳에 가고 싶다는 말을 하고 있었지만, 나는 약간은 덥고 약간은 끈적거리는 이 낡고 어두운 가게의 테이블에 앉아 빙수 맛을 고르던 저 아이들의 순간을, 허허벌판인 가게 주위에서 느껴지던 거칠고 그리운 여름의 기억을 지니고 살아가게 될 아이들의 삶을, 아이들의 미래를 생각하게 되었다. 이곳이 닫게 될 9월 전에 저 가족은 여기에 또 오게 되려나 아이들은 지금이 거의 마지막일 거란 걸 알고 있으려나. 지금 이 가게에서 가장 어린 존재들인 저 아이들도 언젠가 노인이 될 텐데, 그렇다면 이곳을 기억하고 증언해줄 사람은 저 아이들이 전부일 텐데. 이 빙수와 아이스크림의 추억을 지닌 모든 사람 그리고 아직도 임박한 추억을 만들고 있는 사람들 역시 언젠가 모두 죽는다. 너무 차가워 머리가 아파지는 포도맛 빙수를 먹으며 나는 어쩐지 이백 년 뒤나 삼백 년 뒤보다 더 멀게 느껴지는 미래에 대해 생각했다. 사라지더라도 모두의 마음속에 미래의 형태로 남을 빙수에 대해서도.

빙수 가게에서 다시 히로사키역으로 이동하려 버스 정류장으로 향했는데 배차 간격이 삼십 분이었다. 골목과 골목 사이 너무도 조용한 가정집들 사이에서, 가볍게 내리는 비를 홀로 맞으며 버스를 기다렸다. 지나다니는 이들은 아무도 없었고 피할 수 있는 처마가 없어 손차양을 만들었다. 나만 다른 시공간에 놓인 것처럼 삼십 분이라는 시간이 거의 느껴지지 않았다.

K를 다시 만났을 때 이 가게에 갔었다고, 혹시 이 가게를 아느냐고 물었다. K는 어린 시절 자주 가던 가게라고 했다. 나는 이곳의 폐업 소식을 알렸고, K는 생각보다 서운해하지는 않았지만 알려주어 고맙고 기회가 되면 그전에 가보겠다고 해주었다. 아이스크림 냉장고에 얼굴을 묻고 어떤 것이 좋을까 고민했을 꼬마 K를, K 곁에 있었을 어른을, K보다 골격이 크고 튼튼했을 누군가를, K가 이곳에서 보냈을 많은 계절을 상상해보았다. 어떤 마음인지 정확히 알 수 없었지만 마음이 슬프고 좋았다. 아쉽고 따뜻했다. 오래 묵었던 상처에 빛이 들어오듯이 차분한 행복이 차올랐다. 한 시

기가 지나가고 있구나. 그래도 괜찮다는 기분 속에 미소가 지어졌고 이 대화만으로도 나는 충분한 미래를 얻은 것 같았다.

10월 20일

시

소나기

몸이 생각을 앞질러

생각의 빗속을 뚫고 달려나가는 요즘엔 내가 한참 전부터 나의 바깥에 서 있었다는 걸 너무
늦게 깨닫곤 한다.

두고 오거나

따라 달려오던 생각들은 이미 몸을 즐겁게도 괴롭게도 하지 못해 그쳤지만

어디선가 넘어진 몇몇